限界状況における日本人の死生観

山内舜雄

大蔵出版

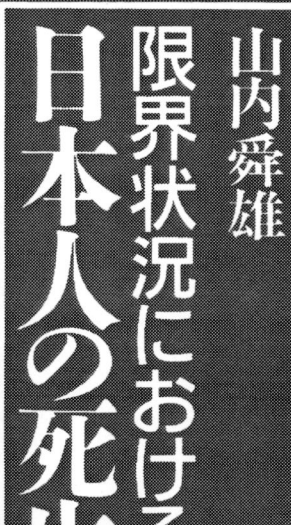

発刊に際して

この論稿は、昭和三十六年から昭和三十七年にかけて、『中外日報』という主として仏教関係の宗教新聞に、七〇回にわたって連載されたものである。

寺院を中心とする限られた読者層とはいえ、内容が戦犯刑死者の手記を取り扱ったものゆえ、それなりの反響があり、その後まとめて一本とする要請もあったが、そのまま打ち過ぎて三十年の歳月が経ってしまった。

書かれた時期が、戦後十五、六年のころであり、当時の筆者は、戦争体験の収束に我ながら苦悩していた。

その解決の一端として書かれたものであることを諒承して頂ければ、本書の性格も、おのずから明らかになるものと信ずる。

出陣学徒の手記を、身の廻りから集めて、ささやかな『駒沢に竹波打ちて』（昭和三十七年刊）を編纂して自費出版したのも、この頃であった。

本書を、当時の思想的状況の中で、出来るだけ素直に読んで頂ければ、倖いである。三十年という歳月のズレは、読者各位の胸の中で、それぞれ埋めて頂ければ、と思っている。

この論稿の発表を筆者に最初慫慂したのは、前記『中外日報』の現社長本間昭之助氏である。まだ青年記者の現役時代で、当時筆者の勤務先であった総持学園に、よく来られていた。

ただ取り扱う対象が主として戦犯刑死者たちの手記を集めた『世紀の遺書』という本であったため、細心の配慮が必要であったことはいうまでもない。遺書の尊厳性をおかさざるよう、出来るかぎりのこころ配りを、私なりにしたつもりである。

この論稿を書いていた時点で、すでに『世紀の遺書』出版からは、数年隔っていた。『世紀の遺書』編纂刊行会は、もはや解散してなかった。それでも本間氏に頼んで、『中外日報』の記者に、編集の責任者という人に会いに行って貰った。

なんでも大変わかりにくい所を、苦心の末さがし出してのことであった。かくまでしたのも、ひとえに遺書の尊厳性を気遣ったからに外ならない。筆者としては、『世紀の遺書』を限りなく畏敬しつつ取り扱ったつもりであるが、やはり編集責任者の許しを得ておきたかったのである。掲載した原稿を見てもらい、その諒承が得られたとの報せに安堵したのを今も覚えている。誤解のなからんことを希い、ここに誌しおく次第である。

戦争という、それも敗戦という未曾有の状況の中で、これだけ多くの日本人が戦犯という名のもとに、万斛の想いをこめて刑場に散っていったのである。ある者は決然と、ある者は限りなき苦悩を抱いて——。これらを無にすることは、いかなる意味においても許されない。ここからなんらかの未来に生きるいのちを汲み取らねば、かれらの死はあまりにも無惨である。

しかし筆者は、わずかに彼等の抱いた死生観について、宗教的立場からの考察をこころみ、未来への途をまさぐったに過ぎない。考察の視点が限られており、視野が狭いのは致しかたないが、それだけにこれから生きる日本人の宗教への自覚や信仰への開眼に、なんらかのよすがとなりうることを、ひたすら祈念するのみである。

戦前そして戦中の世代が、いのちを捨てねばならぬと確く信じていた天皇・国家への忠誠死と、ついには自らによって安心立命しなければならぬ個人の宗教的信仰とは、いったい、どこでどうかかわりあうのか、曾ての日本人は深く考えることもなく打ち過ぎていたといっても過言ではない。

この宗教と国家との間に介在する、どうしようもない矛盾について、私たちは深い追求をすることもなく、それは自明のことのように思われていた。なぜなら、日本人の宗教は神道はもちろん仏教をも含めて、つねに国家的性格をその基調にもっており、両者の対決は鎌倉新仏教の一時期をのぞいては殆ど思想的には行われていない。

ことに明治以降は、日本に存在する宗教のほとんどが、キリスト教の一部をのぞいて、天皇制のワク内のものであったことは周知のとおりである。

かく言う筆者も、そのひとりであったことを苦い悔恨と共に懺悔せざるを得ない。

おおきくいえば国家と宗教との矛盾、具体的にいえば、天皇への忠誠死と自己の思想信仰とのあいだに介在する矛盾を、現実につきつけられたのは、たたかい終った翌年、昭和二十一年五月に、私が戦犯容疑者として漢口の武漢行営に収容されたときである。

うかつにも私は、この時まで、仏教者として生きるみちと、戦場で人間を殺戮するという非人間的行為のあいだによこたわる本質的な矛盾に気づかなかった。というよりも、その矛盾を追求するだけの勇気と良心に欠けていた――といったほうが適切かもしれない。

倖いに復員できた私に、この問題は、終始はなれずつきまとった。その解決は、ながい時を必要とした。戦犯刑死者の遺書を手がかりに、この問題に迫った私のささやかな解答が本書で、「限界状況における日本人の宗教意識――戦犯刑死者は宗教をどうかんがえたか――」が、『中外日報』に掲載された当初の題名であった。すでに戦後十七年の年月が経っていた。

しかし、国家と宗教との問題は、個人の具体的な思惟や体験から解決してゆくには手にあまる、あまりに大きな問題であった。

いまその歴史的推移にふれるいとまはないが、明治初期における天皇制国家の成立と、それにともなう国家神道の構築において、かなりの人為的なムリがあったことは、終戦と同時に両者がもろくも潰え去ったことからも明らかである。

神社は宗教にあらず――という奇妙な論理のもとに、国家神道が国教的地位を領有して、神道以外の宗教は、すべて神道的教義をいちおう是認したうえで、あるいはこれと妥協したうえで、その存在理由を獲得することができたと言いうる。

極言すれば、国家を至高概念として、いかなる宗教も宗派も、国家に奉仕し得るかぎりにおいてのみ、その存在を許されえたということができよう。現在からみれば、まことに奇異に感じられるであろうが、それは笑えない現実だったのである。

こうして国家神道が成立せしめられ、明治いらい日本人の精神生活のうえに超宗教的な権威として天皇が君臨してきた。そして問題は、かかる天皇制下の精神生活において、神道以外の宗教が仏教をも含めて、いかなる対決をこころみたか、否こころみなかったかは周知のところ縷言を要しない。

そこで宗教への、仏教教団への、戦後かなり厳しい戦争責任の追求があったことも記憶にあたらしい。が、それらが徹底性を欠き継続性を持ちえなかった理由はなにか。戦争責任の追求にともなう国家仏教への、きびしい反省と懺悔をふくんでいるならば、それは大きな歴史的意味をもち得たはずである。

それが中途半端に終ったのは、やはり特定のイズムによる戦争責任論が先行し、現時点から過去の歴史を裁く形式的論断があまりにも横行したことによるのではあるまいか。

もっと自然なかたちで、日本人は、すくなくとも自己の犯した罪の意識を、これを余儀なくせしめた国家との関係において追求することが可能なはずである。

このように考えていた私は、まずしい自己の体験を支えに、この論稿を書くことになったのである。

歴史の底辺で散って逝った人たちの魂は、声高に論ずべきではない。あくまでも密かに彼等の無言のこえに耳を傾けねばならない。それがどの程度出来たかは筆者にも自信はないが、そこから明日に生きるなにものかを見い出すことができるならば、読者と共に倖いであると思う。

平成三年　初秋の日

（都南仮寓にて識す）

著　者

目次

序　章

戦争体験からなにを学ぶか——とは、ちかごろようやく真剣に、戦中世代によってとり組まれてきている。

第二次大戦という、日本人にとって有史以来の歴史経験は、その拡がりからいっても、また内容からいっても、いまだかつてない規模のものであった。

そして、終戦から早くも十六、七年の歳月を経過した今日、それらは各方面から整理され、体系づけられつつある。

けれども、こと宗教体験に関するかぎりは、じっさいの資料にもとづいて、いまだなされていない。欧米人からみれば、宗教意識の低いといわれる日本人といえどもあの戦争をとおして、かけがえのない貴重な宗教への対決を、それなりにしているはずである。

政治や経済からの戦争分析にとどまらず、日本人の精神構造の分析にまで立ちいるならば、やはり宗教体験のそれを、よけて通ることはできないであろう。

なるほど、戦争中の日本の宗教界は、戦争目的完遂のための、天皇帰一によって押しつぶされ、皇道仏教家たちが跳梁《ちょうりょう》した。そしてかれらが、戦後民主主義にいともたやすく迎合したところから、その無節操と無責任が追及された一時期があった。

が、それはそれでよい。問題はたがいに罵《なじ》りあうことでは進展しない。なぜ終戦まえのひとたちがそのような態度をとり、戦後うまく転換できたかという、精神構造の深部があきらかにされなければならない。

そこには宗教者として、なにか重大なものが欠けていたのではあるまいか。この精神の欠落は、どうして生じたのか。

戦中戦後の、自己のささやかな体験をとおして、このことは、つねに脳裡を去らなかった。それは自分を宗教者として定着させるためには、どうしても究明しなければならぬもののように思われたのである。

はっきりいって私は、明確な宗教者の自覚なくして、戦争に参加した。戦場において敵を殺戮《さつりく》するという非人間的行為と、自己の属する宗派の信仰とが、どう矛盾せずに調和しうるのか、考えるいとまさえなかった。

いまだ、両者の矛盾を解明するに必要な、自覚年齢に達していなかったといったほうが適切であったかもしれない。

といっても、すでに二十歳を越え、まがりなりにも宗立大学を卒えて戦地へ赴いた以上、思い到らなかったではすまされない。明らかに自己の精神的怠惰が、そこにあったことを、にがい悔恨とともに認めねばならない。

かくして、私は、当時の自己の精神的状況を追及するために、戦犯刑死者たちの遺書へと向かっていった。

そこには、終戦を転機として、のっぴきならぬ限界状況に立たされた日本人の、悲痛な憤激と苦悩とが、あますところなく示されているからである。

とりわけ巣鴨遺書編纂会編の、『世紀の遺書』(一九五三)は、数年間座右におき、くりかえし折にふれては耽読した。その中から、自己の精神の欠落が奈辺にあるかを、把りだそうとしたのである。同書の編集後記によると、一千余名にのぼる刑死者のうち、七百一篇を収録したというから、おそらく現在集めうるほとんどすべてが、そこにあるといってよいであろう。

しかし、遺書の尊厳性と、悲痛きわまりないその内容を思うとき私は躊躇《ちゅうちょ》せざるをえなかった。死をまえにした刑死者たちの、宗教意識を客観的に分析することは、感情的に耐えられなかった。ことに外地で、一年間の虜囚《りょしゅう》生活を送り、戦犯容疑の追及さえうけた私にとっては、かれらの死がいかに不条理に充ちたものであったかを眼前にしっているだけに、なおさら耐えられなかった。死者への最大の冒瀆《ぼうとく》とさえ思われた。

けれど深く再思してみると、これこそ、いやおうなしに限界状況に投げこまれた日本人の、いかに悩み、苦しみ、そして諦《あきら》めたかのかけがえのない尊い魂の記録である。

いかに、つねひごろ、宗教をなおざりにしている日本人とはいえ、たとえしいられたにせよ、ゴマかしきれない限界状況に直面して、宗教と対決した記録が、そこに記されている。他律ゆえの不自然さがみられるとしても、すくなくとも死をまえに真剣に考えた態度だけは認めねばならぬであろう。

時の経過とともに薄らぐ感情の落ち着きをまって、私は、すこしずつかれらの宗教意識をとり出し整理していった。それが自己の当時の精神状況の再吟味であったことは、いうまでもない。

そして、死生観を中心として、おおむねつぎのような分類をこころみた。死生観が中心となるのは死を強要されている刑死者にとって、あえて説明の要はない。かれらは目前に迫った死のためには、なんらかの死生観をもたなければならず、そして、その死生観をとおして、かれらが宗教へとつながってくる契機を、われわれは摑むことができるからである。

一、天皇制にささえられた国家至上主義的死生観（この背後にはもちろん国家神道にもとづく死生観があるわけである）

一、伝統的な仏教を背景とする生死観

一、キリスト教入信者たちの生死観

日本人は、それ自体明確な宗教信仰をもっていないから、個人の内部において三者が重層している場合が多いが、内容的には、以上の三つに大別できるようである。

そして三者に共通していえることは、そのいずれもが宗教的権威としての天皇を至高のものと仰ぎ天皇制のワクを脱することなく、いわゆる世界宗教としての仏教とかキリスト教とかの普遍的宗教性への自覚をもちえなかったということである。

けれども、不可避的な限界状況をまえにして、真摯に、真実の宗教をまさぐった魂の記録も、数すくないが、認められうる。以下、上述の三つの立場を、じっさいの資料によって究明しつつ、かれらの宗教受容態度の一般性をさぐり、さらに、ほそぼそと辿られた宗教的自覚への道を、あきらかにしたいと思う。

本論にはいるに先立ち、戦犯刑死者たちの資料についてふれなければならない。

厳密にいえば、それらは生活全般に関して、各方面にわたっているから、細大もらさず収集することが望ましいとしても、あるいは不可能であるかもしれない。

以下、戦犯刑死者の記録としてまとめられて発刊されたものを、おおむね年代順にかかげてみるが、まだこのような明瞭な資料の収集さえ、充分にはできかねている現状である。

地方において発刊されたものやいまだ遺族たちの筐底《きょうてい》にひそやかに秘められている未発表のものをくわえれば、けだし厖大《ぼうだい》な量にのぼろう。

読者の方々に、私の入手可能な範囲で、おきづきの資料をおしらせいただければ、幸甚であると思う。

『平和の発見』花山信勝著（朝日新聞社）一九四九年
『絞首刑』門松正一著（ジープ社）一九五〇年
『或る遺書について』塩尻公明著（社会思想研究会）一九五一年
『モンテンルパ』辻豊編著（朝日新聞社）一九五一年
『死して祖国に生きん』杉松富士雄著（蒼樹社）一九五二年
『あすの朝の九時』日本週報社編（同社）一九五二年
『壁あつき部屋』理論社編集部編（同社）一九五二年
『モンテンルパに祈る』加賀尾秀忍著（富士書苑）一九五三年
『あれから七年』飯塚浩二編（光文社）一九五三年
『戦犯六人の死刑囚』南不二夫（飛鳥書店）一九五三年
『虐待の記録』佐藤亮一編著（潮書房）一九五三年
『巣鴨』巣鴨短歌会編（第二書房）一九五三年
『世紀の遺書』巣鴨遺書編纂会編（同会刊行事務所）一九五三年
『芝草はふまれても』児玉誉士夫（新夕刊新聞社）一九五六年
『戦犯』野上今朝雄他（三一書房）一九五六年
『死と栄光』巣鴨遺書編纂会編（長嶋書房）一九五七年

近刊のものは省略するが、以上が、私の眼にふれたおもなものである。これらのほかに、上述のごとく、まだ多くの資料のあることはいうまでもない。

ただ、これら上掲の資料をみて感ずることは戦犯刑死者たちの記録は一九五二年以降おおく現われているということである。

これは一九五一年秋の、サンフランシスコ平和会議の締結が、その主たる理由であることはいうまでもないことであろう。

戦犯刑死者たちの記録を、おおやけにできる時機が、ようやくおとずれたのである。と同時に、敗戦の虚脱から立ちあがった日本人が、過去の失敗を客観的にみつめようとした証左であるともいえよう。

しかし、これらの資料をとり扱うばあいには、かなり慎重なこころ構えが必要である。なぜなら、いまだ大東亜戦争に対する歴史的評価は確定しておらず、さまざまな価値批判がなされている現状では、同一の資料から、ときによってはまったく反対の評価すら生じてくるからである。

いわゆる保守陣営に属するひとたちと、進歩派と称するひとたちとでは、あの戦争そのものに対しても、したがって戦犯そのものに対しても、評価批判のことなること、世上みるがごとくである。

また、これら遺書の編集には、それぞれ企画者のだれにも、なんらかの意図のあったことはいうまでもないことであろう。が私は、いまその背後のイデオロギーをせん索する意志は毛頭ない。

両陣営の立場からの、これら遺書に対するいろいろな批判――思想的社会的――にも、できうるかぎりふれないことにする。それはそれとして論じられるべき大きなテーマであるし、私のよくする問題ではない。

私は、ただ上述の問題提起の線にそって、観点を宗教的な一点にしぼり、限界状況に不可避的におかれた戦犯刑死者たちの宗教へのまさぐり方を、純粋にみきわめたいと思うのみである。すなわち、かれらの書き遺した原文のままの記録を資料として、これを宗教的観点にのみ立って、分析し整理してゆこうと思う。そうすれば、これらの記録を収集した編者の意図に、さほど左右されることはないと信ずる。誤解されやすいことがらなので、あらかじめ念を押しておきたい。

さて、このような立場に立って上掲の資料をみてゆくとき、いちばん内容の豊富なものは、なんといっても前述した『世紀の遺書』である。

もちろん『世紀の遺書』にも編者の意図がないとはいえないであろうが、これほど広範囲に刑死者たちの遺書を、断片細片にいたるまで収集した労苦はなみたいていのものではなかったと想像される。貴重な努力であったと思う。

第一章　天皇制にささえられた国家至上主義的死生観

今更に散る身惜しとは思はねど
　心にかかる国のゆくすゑ
ほね拾ふ友なき野辺にくちるとも
　天翔けるたま国をまもらむ（『世紀の遺書』九四頁）

この二首の和歌は、日本大学経済学部を卒えたのち、海軍予備学生となり、昭和二十二年九月十六日、広東において銃殺刑に処せられた、前田三郎氏（石川県出身、元海軍中尉）の遺詠である。

この歌に、あますところなく表現されているとおり、戦犯刑死者たちの死生観は、ひたすら国家に殉ずるという至情において、すっきりとわり切れているかにみえる。

これは、のちに多くの実例をあげるまでもなく、戦犯刑死者たちの遺書ぜんたいを覆《おお》うもっとも普遍的な思想であり、感情である。おそらく戦前の日本人ならば、だれでも抱きえたごく自然の心境であろう。私にも、拙いながらこれに似た辞世の句を詠んだ記憶がある。

もちろん、ここで私は、かかる天皇制にもとづく国家至上主義的思想の当否を論ずることは、いちおうさしひかえる。それは、それとして採りあげられるべきひとつの大きなテーマであり、すでに論じつくされているといってもよい問題である。それよりも私は、ともかくも天皇を中心とする国家至上主義的死生観にささえられて、その生涯を畢《おわ》った人たちのあるじじつを率直にみとめ、かれらがその時いかに死を考え、いかに死を意義づけたかの宗教的意味をそこからとり出してみたいと思うのである。すなわち死生観の構造を吟味したいのである。

さて戦後の思想的状況からすれば、国家至上主義的死生観が、いかに浅薄なものであり、またいかに批判しつくされねばならないことは、自明の理とされているけれども、わずか十数年まえ、じつに多くの日本人が、このような死生観に憑りつかれて現実に死んでいる以上、この厳粛なじじつは無視できないはずである。

かれらは、時の指導者たちに、ダマされて死んだとか、誑《たぶら》かされて死地におもむいたとか、こころないことばが戦後かれらに投げかけられたが、人間死にのぞんで、そう簡単にダマされるものでもなければ、誑かされるものでもない。やはりひとつの確固たる死生観がなければ、従容《しょうよう》と死につけるものではない。死は、かるがるしい批判をうけつけるには、あまりにきびしい現実である。

そして、それは死という宗教上の根元的な問題をとおして、深く宗教それ自体にかかわってくるものを持つ――とみるべきである。

そこで、このような天皇制にささえられた国家至上主義的死生観の、すなおに流出している遺書のいくつかを、まず次に掲げてみよう。

「我等最後まで敗戦国日本再建の礎となり、悠久大義の下、天皇陛下の弥栄と祖国の再建を祈り、刑場の露と消えるをこの上なき光栄満足と存じます。笑って死んでまいります。現在まで既に十一名の戦友は我等の目前に於いて絞首台に散華しあるも一人として死を恐れ微動する者はありませんでした。大和武夫として泰然自若、陛下の万歳を三唱し絞首台も涼み台に昇るが如く進んで行って居ります。父母上様、永三とて必ずや既に散って行かれし戦友に劣らぬ態度を以て散華致します」（同書二九一―三九二頁）（かなづかい原文のまま、以下おなじ）【菅原永三氏。宮城県出身。北海道国立甲種学校卒業。元憲兵准尉。昭和二十三年一月十六日。「シンガポール、オートラム」に於いて刑死。三十歳】

「私自身、真に日本人として誇るべき死を得たるを喜び『聖寿万歳』を唱へつ、大安心の許に散り行く覚悟に候」（同書三九三頁）【渡辺一正氏。広島県出身。浜松高等工業学校卒業。陸軍技術中尉。昭和二十一年九月十一日「シンガポール、チャンギー」に於いて刑死。二十五歳】

「遙かに東天を拝し皇国の千代八千代に降昌ならんことを祈り併せて家郷の繁栄を祈る。心静かに護国の英霊神鎮ります九段の戦友が許に参ります。

――中略――

五月二十八日当チャンギー刑務所で死刑執行せられることになりましたが私は天皇陛下万歳を

三唱しつつ従容として日本人らしく元気よく死んで行きます」(同書三二四頁)【上谷喜多一氏。岡山県出身。元会社員。元陸軍曹長。昭和二十二年五月二十八日。「シンガポール、チャンギー」に於いて刑死。三十二歳】

「私は無実の罪で死刑になるのは誠に残念である。然し敗戦日本が無条件降伏後に於いて日本の国体と国土を護り、日本民族の滅亡を止めるためには血の代償は是非必要なるを肝に銘じ、国家の犠牲となる私の心中を親も兄弟も妻子も知っていただき度い。

……反って死処を得たりと満悦し、新日本の将来期して見るべきものありと確信し、陛下の万歳を唱へ「ニッコリ」笑って行きます。決して悲しまるる勿れ」(同書三九頁)【兼石績氏。山口県出身。横須賀通信学校高等科卒業。元海軍大尉。昭和二十二年七月二十六日。「広東」に於いて刑死。四十一歳】

「元々私の身体は御国に献げて終ったものであります。私は当然戦争に斃れるべき運命にあったものであります。私は闘えるだけは闘い、頑張るだけは頑張って参りました。そして私の任務、私一生の任務は済んでしまったのであります。私は唯神国の不滅を信じ、祖国再興の日の一日も早やからん事……を祈るばかりであります。私は皇国の礎として笑って散って行きます。

私の心は今隅々まで日本晴れのように晴れ渡って居ります」(同書四三八頁)【後藤大作氏。東京都出身。早稲田大学卒業。海軍経理学校出身、元海軍主計大尉。昭和二十一年八月十七日。

「ラバウル」に於いて銃殺刑。二十八歳】
「私ハ畏多クモ天皇陛下ノ命ヲ受ケ馬来ニ到リ今日迄国家ノ為ニ努力シテ参リマシタ。然シ其ノ効ナラズ玆ニ遂ニ刑ノ執行ヲ受クル身トナリマシタガ然シ私ハ一切ノ私心ヲ去リ悦ンデ国家ノ隆盛ヲ祈リツツ死ンデ行キマス」（同書三九七頁）【森義忠氏。京都市出身。元警察官。陸軍警部。昭和二十一年五月三日。「マレー半島、クアラルンプール」に於いて刑死。三十八歳】
「日本男子と生れてここに三十八年此の時代の大転換期に際し祖国に殉じ皇恩に報い奉る。男子の本懐とす。……永遠の生命に生きる！　悠久の大義に生きる！　天命なるを悟りこれを甘受し魂魄を留めて永遠に皇城を護らん！　こうした希望と信念をもって従容と〝死〟に就くということは何たる本懐ぞ！　幸福ぞ！
天皇陛下万歳
大日本帝国万歳」（同書二九三頁）【中山伊作氏。富山市出身。憲兵少尉。昭和二十二年十一月四日。「ビルマ、ラングーン」に於いて刑死。三十八歳】
遺書の偏向をさけるために、職業軍人ばかりでなく、会社員、官吏、あるいは民間の大学出身者、エンジニア――等のそれらを出してみた。あえて特殊な教育をうけた職業軍人ばかりでなく、一般の人びとも、ひろく天皇制にささえられた国家至上主義的死生観を抱いていたことが、これをもってみても明瞭に首肯されるのである。

さて、このように国家に殉じたひとたちの刑場にのぞむ光景を、遺書のいくつかは、つぎのごとくあざやかに描写している。われわれはそこに、ひとつの確固たる死生観にみちびかれた死に就きかたを襟を正して粛然とみとめねばならないであろう。

「やがて六時四十分となる。平原がもう最後の歌をうたって静かに待ちましょうという。服をととのえて予は立った。先ず『海行かば』次で『君が代』を合唱し奉る。やがて『蛍の光』が残って居られる人々からおこった。

静かに聞く。かくて名を呼ばれて外に出る。所持品の検査、今日は特に厳重だ。かくしてシャワーをやり中に入る。書き残した所に手紙を書く。死ぬ本人からの死去通知だ。九時もすぎた。あと十二時間だなと思いながら鉛筆を走らす……」(同書四一七―四一八頁)【馬杉一雄氏。姫路市出身。「四六師」所属。陸軍中佐。昭和二十二年二月二十五日。「シンガポール、チャンギー」に於いて刑死】

「出て行く人は皆微笑を浮べている。見送る吾々の気持が却って苦しいのかも知れぬ。檻付のトラックは刑場へ出て行く。獄舎からは恒例の『海行かば』が湧くように起る。未決の日本人も襟を正して見送っている。米人歩哨もシュンボリとなっている。今日は掛り米下士官も吾々の舎から逃げる様にして遠ざかっていた。其の心に対して吾々は無量の感謝を持っている」(同書五七一頁)【小野哲氏。佐賀県出身。陸軍士官学校卒業。元陸軍大尉。昭和二十一年七月十六日。「マキ

リン」山麓に於いて刑死。二十六歳（米国『マニラ』関係）】
「最後の生の日、二十日は未明に起き獄衣を着換へ『海征かば』及び『君が代』を合唱祖国万歳、チピナン皆様の万歳を唱へ終った。『海征かば』『君が代』の合唱の時さすがは鼓動が激しくなり泣きつつ、唄った」（同書一八九頁）【今野勝弥氏。福島県出身。中学校卒業。元憲兵中尉。昭和二十四年一月二十日。「グロドック」に於いて刑死。四十三歳】
「四月八日　木曜日　晴
大庭早志。中野久勇両氏大陸の華と散る。……両氏は自分等と別れて刑場に臨む途中『海行かば』高唱して悠々として刑場に臨まれたのである。謹みて両君の冥福を祈る。
海行かばを高らかに唱え刑場に　最後を飾る　若桜二ツ」（同書二三頁）【田島信雄氏。熊本県出身。元憲兵曹長。昭和二十三年四月二十日。「上海」に於いて銃殺刑。三十歳】
「今宵九月十九日故郷の月も変りないでしょう。明日の日に当って最後の宴会が催され酒こそなけれ御馳走に夜の更けるのも知らず一同興に入り、童心になり、はては歌う踊ると愉快に時を過しました。明日の出発には黙禱を捧げて祖国の将来を祈り『海行かば』を歌いて日本男子の本領を発揮します」（同書三八九頁）【辻豊治氏。滋賀県出身。元陸軍曹長。昭和二十一年九月二十日。「シンガポール、チャンギー」に於いて刑死。二十八歳】
これをもってみると、死の刑場への送葬譜は、じつに信時潔氏作曲の大伴家持の歌「海征かば水漬

く屍　山征かば草むす屍　大君の辺にこそ死なめ　かへりみはせじ」であったことがしられる。刑場におもむくとき、「海征かば」をうたった例は、このほかにも枚挙にいとまがない。おそらく当時の、天皇を中心とする国家観念をもっていたひとたちの感情が、この歌詩の内容とその荘重な曲にいちばんピッタリと表現されていた——とみてよいのではあるまいか。

死生観を一首の和歌に凝固させる表現は、日本人の根づよい伝統であるが、それがあまりにもよく出ているように思う。このことについては、またのちほど触れる機会があろう。

かくして、ついに刑場においては

「終に刑場に来ました。後数時間の命です。最早何も云ふことはありません。

私は軍人として軍人らしく命を国に捧げたつもりで参ります。

私の死生観は今日白熱しています。やはり全個の両面はありますが、文面に感ぜられるかも知れない未練さは殆んど無い様です。立派に成仏します。

……家、国を思う心は尽きなく湧いています」（同書五七五頁）【前出。小野哲氏の遺書】

「最後ノ言葉（刑場ニテ）

大楠公精神ヲ継承シ七度生レ代ッテ誓ッテ皇国ニ報ゼン。

日出ヅル国日ノ本ニ生ヲ享ケタル大丈夫ガ今旭日ヲ浴ビツ、従容トシテ国ニ殉ズ、男子ノ本懐之ニ過グルモノナシ。（『君ガ代』奉唱二回）皇国ノ弥栄ト皇国ノ隆盛ヲ祈ル。

天皇陛下万歳（三唱）
此レデ終ワリマス。サア、ヤッテ下サイ（註『射て』の意）」（同書五五四頁）【住本茂氏。兵庫県出身。元憲兵准尉、昭和二十三年四月二十日。「サイゴン」に於いて刑死。三十六歳】

この、刑場におけるさいごの場面は、刑死者みずからに語ってもらったほうがよいように思う。刑死者のひとりである原田熊吉氏【香川県出身。陸軍大学卒業。元陸軍中将。昭和二十二年五月二十八日。「シンガポール、チャンギー」に於いて刑死。五十九歳】はつぎのごとく、きわめて冷静に客観的に描写している。

「十五、絞首台上昇天

愈々時が来た。昇天神と化するのだ。英軍将兵の指示通り覆面、後手に縛され、二人の下士官に曳かれて絞首台上に立ち、首に鎖の輪をかけられ三名同時に踏台がはずされてぶら下がると同時に、絞首、絶命、昇天、幽界に天翔するのである。……。

最後の別れの言葉が交酬される。『元気で行くぞ』『元気で行けよ』と行く者も送る者も、あらん限りの声を張り上げて異様な気持を持ち続けるのである。

足一歩動き出したら、最早生きていることは思わない。だから物を言わずに居られない。そこで吾吾は、日本軍人として戦死する時に唱える、天皇陛下万歳を声のあらん限り続かん限り、日本へ響けよ、日本迄届けよと幾回でも唱えるのであった。絞首台上にて首輪をかけられてからは

此の天皇陛下万歳を連唱する外に何事をも考えない」（同書三八一頁）

このようにみてゆくと、戦犯刑死者たちの気持は、ありし日の戦死とまったくおなじではないにしても、ほとんどそれに近かったようである。ことに終戦後、日の浅いうちは――。

国の為散るべき秋に散らずして
あだに散り行く山さくら花（同書七三頁）

五十嵐孫三郎氏の遺詠【福島県出身。元憲兵大尉。昭和二十二年五月十六日。「広東」に於いて刑死。四十一歳】

これが、かれら戦犯死刑者たちの、もっともいつわらぬ心境であったと思われる。

そして、刑場においては、いくつかの上例から容易に推察されるように、まず「海征かば」をうたい、国歌奉唱、天皇陛下万歳におわる一般儀式ともいうべきものが多少の相違こそあれ、あったようである。確固たる死生観があったればこそ、臨終のかかる定式化がおこなわれたのであろう。そうみるのが、すくなくとも死者への礼儀である――と思う。

このことについては、かの『平和の発見』を書いた花山信勝師も同書のなかでくりかえしふれているが、やはり戦犯刑死者のひとり前田利貴氏【鎌倉市出身。法政大学卒業。元会社員。元陸軍大尉。昭和二十三年九月九日。「クーパン」に於いて刑死。三十一歳】は、つぎのごとく要約して、これをしたためている。

「私の希望として検事に申出た事は
1、目かくしをせぬ事
2、手を縛らぬ事
3、国歌奉唱、陛下の万歳三唱
4、古武士の髪に香をたき込んだのに習い香水一ビン（之は死体を処理するものに対する私個人の心づかいであります）
5、遺書、遺髪の送附
以上全部承認、当日私の決心は自動車から下りたら、裁判長並びに立会者に微笑と共に挙手の礼をし、最後に遺留品として眼鏡を渡し、それから日本の方を向いて脱帽敬礼、国歌奉唱、両陛下万歳三唱、合掌して海行かばの上の句を唱え、下の句を奉唱し、此の世をば銃声を共に、〝はい左様なら〟と言う順序に行くつもりです」（同書二六〇頁）

まことに壮烈な且つみごとなさいごというほかはない。このようなかたちで、国家のためにおのれの生涯を完結したひとたちについては、もはやとかくの批判はさし控えるべきであろう。いかなるひとの死も、かけがえのないものであり、その歴史の時点においては、あるいは絶対視されてよいほどの批判を超えた厳粛性をもっているのであるから——。

したがって問題は、かれら刑死者の個々の死それ自体への批判ではなく、かかる死を完結ならしめた死生観そのものの構造に、あらためて吟味の眼がそそがれねばならない——ということである。

もちろん、ほとんどの戦犯刑死者たちが、遺書のどこかに多少の差はあれ、かならず書きしるしている、この天皇制にささえられた国家至上主義的死生観は、天皇制的国家のなかで生育した戦前のひとたちにとっては、むしろとうぜんのことと受けとれよう。

しかし、私は、戦前のひとたちには自明と思われるこの問題からしずかにその考察をすすめてゆかなければならない。

まず、戦前のこれらの人びとは、どうして自己の死というものを、天皇への忠誠、国家への奉仕として、かくもみごとに意義づけることをなしえたのであろうか。

戦前の、天皇を中核とする国家主義的教育が、そのような人間形成をなしとげたのだ。とくに軍人教育においては——といってしまえばそれまでであるが、すくなくとも死という宗教につらなる問題が根源にある以上、それはなんらかの意味で、宗教的な視点からの、これら天皇・国家への忠誠死ということが、考えられていなければならぬ。

すなわち、表面的には、天皇への尽忠、国家への犠牲というかたちにみえても、その裏面には、なんらかの意味の宗教観がひそんでいて、内側からその死をささえていなければならない。なんとならば、死を考える中には死の意義、死の果報、死後の存在などという宗教上の思考に、それは必然的に展開してゆかなければならないからである。

しかるに、それよりさきに、われわれは、天皇への尽忠、あるいは国家への自己犠牲といわれる死に、はたしていうところの宗教的内面がありうるのか、という反問をとうぜんうけねばならないであろう。

いうまでもなく、宗教的な意味で人間が死を考えるということは、ひとはなぜ生きかつ死するのかという、人間存在の根源的な理由を問うているのであって、それは人間そのものにいつかはなされねばならぬ不可避的な設問である。

いかに国家への犠牲、天皇への殉忠といっても、死である以上そこにすべてのものに優先して、まずおのれ自身への、このような深き疑問が提出されてこなければならない。そうでなければ、そのひとは、人間存在としてのおのれ自身を、いまだ自主的に自覚的に把握しているとは言いえないであろう。

そこで、このような純粋な宗教的立場に立って、上掲の戦犯刑死者たちの態度を眺めてみると、かれらにおいては、戦前の大多数の日本人がそうであったように、天皇制にもとづく国家至上主義的死生観が個人に立脚するすべての宗教的生死観に優先していて、死そのものとは何ぞやという自己内面への深い宗教的設問は、ほとんどなされていない。

上掲の遺書の範囲で限定していえば、表面的には、すくなくとも天皇、国家への忠誠死において個人の生は完結されている。

もちろん、公刊されない遺書の他の部分には、このような国家至上主義的死生観とは別に、個人の内面的な懐疑や苦悩を訴えたものがあるであろうことは十分想察される。けれども、死の決定的瞬間においては、上掲の遺書が明瞭にものがたっているように、天皇、国家への忠誠死以外の、なにものをも顕在化されない。これは戦争による死である以上とうぜんのことかもしれないが、終戦からやや時期が経っているのであるから、そこになんらかの意味の、内面的反省にもとづく自己自身への追及が、いまから考えればあってもよさそうな気がする。

おそらく戦争をしらない戦後育った若いひとたちが、いかに天皇、国家のためといえ、かくまで徹底的におこなわれた自己放棄化について、どうにも納得のゆかないものをもつのは、いたしかたのないことかもしれない。

すなわち、自己の責任において自己の死を完結ならしめたる態度は、戦後の個の自覚にもとづく教育をうけたものにとっては、まことに不可解というほかはないのである。

といって、戦前のこのように忠烈無比に死んでいったひとたちの没我の心境は、とうてい戦後の民主教育をうけた若いひとたちなんかにはわからないんだ——と突きはなしてしまったのでは、両者の相互理解は永久に成立しない。

これには、やはり戦前と戦後を結ぶための、思想史的に手のこんだ解明が、順序をふんで辛抱づよくなされねばならないと思う。

いま私は、宗教的な分野でこれをおこなおうとするものであるが、それには戦前のひとたちのこのような死生観の、ありうべくしてあったという必然性が解明されなければならないと同時に、当時の日本人の宗教意識の一般的意味を明らかにすることが必要である。そうすることによってのみ、戦後の日本人の、新しい宗教への方向づけが、すこしでもなされるように思われてしかたがないのである。またかくすることによって戦後の若いひとたちに、ほんとうの意味で、当時の精神状況を理解してもらえるのではあるまいか。

かくして、われわれは、かつて竹内好氏がのべた次のごとき注目すべき発言を手がかりにして考察をすすめてみよう。

「私は宗教家にお願いしたいことが一つあるのです。私は宗教は知らないんですが、神のない状態というのはどういう状態なのか、それを教えていただきたい。いま普通の日本人は、民間信仰というか、天皇制的な雰囲気の中にいて惰性として偶像崇拝の気分をもっているから、そのために宗教心が起こらないといえますね。そうすると、もしそのような環境が奪われた場合、つまり心が空虚になって、何か支柱というか信仰というか、そういうものを求めないではいられないような状態、つまり危機の状態といってもいいかと思うが、そういう状態とはどういうものかということを普通の日常感覚からの類推で想像できるように道筋を立てて教えてもらいたいのです。それはむずかしいことかもしれませんが。人間が自分のなかにある支えを失った場合には、どうなるかということね。それをバルトやキュルケゴールからでなしに、もっと感覚的にわかる形で教えてもらいたいな。そうすればみんな考えるようになるんじゃないかと思うのです」(現代宗教講座Ⅵ・「現在日本の精神状況」九五頁)

たしかに竹内氏の指摘するとおり、普通の日本人は天皇制的な雰囲気の中にいて、おのれの宗教心を国家との対決においてもっていない。ことに戦前においてはしかりである。上掲の遺書のごとく、自己の宗教的反省を措《お》いて、ひたすら天皇・国家への忠誠死にやすんじて身をまかして疑わない精神構造が、かたちづくられていたのである。(竹内氏の以上の発言は他の意味でも重要な意味を含んでいると思われる。したがって、ほかの箇所でも引用するので、ここに全文を掲げておいた。)

われわれは、なぜ、かかる精神状況に陥ったのであろうか。どうして国家至上主義的死生観が、次元の異なる宗教的生死観に、かくもあざやかに優先しているのであろうか。人間存在にとってより根源的であるべき宗教が、いかして天皇への殉忠のまえに押しつぶされてしまったのか——。

ここから、われわれは、明治以来の天皇制国家と宗教との関係という、たいへん入りくんだ問題にはいってゆかなければならない。

この、天皇制国家と宗教という問題は、これを歴史的に追及するだけでも、すでにひとつの厖大な論攷を形成するものと思われる。が、幸いこの問題については、戦後いちはやく『現代政治の思想と行動』を書いて、日本人の精神構造にするどいメスを揮《ふる》った丸山真男氏の明晰な基礎的解明があるから、すこし長いが煩をいとわずこれを引用してみよう。

「ヨーロッパでは、近代国家は周知のごとく宗教改革につづく十六、七世紀に至る長い間の宗教戦争の真只中から成長した。信仰と神学をめぐっての果てしない闘争はやがて各宗派をして自らの信条の政治的貫徹を断念せしめ、他方王権神授説をふりかざして自己の支配の内容的正当性を独占しようとした絶対君主も熾烈な抵抗に面して漸次その支配根拠を公的秩序の保持という外面的なものに移行せしめるの止むなきに至った。かくして形式と内容、外部と内部、公的なものと私的なものという形で、治者と被治者の間に妥協が行なわれ、思想信仰道徳の問題は「私事」としてその主観的内面性が保証され、公権力は技術的性格を持った法体系の中に吸収されたのである。

ところが日本は明治以後の近代国家の形成過程に於いて嘗てこのような国家主権の技術的、中立的性格を表明しようとしなかった。その結果、日本の国家主義は内容的価値の実体たることにどこまでも自己の支配根拠を置こうとした。……そして是に対し内面的世界の支配を主張する教会勢力は存在しなかった」（『現代政治の思想と行動』上巻九一―一〇頁）

すなわち、歴史的にみると、日本は明治初期において近代国家を形成する際、国家主権の中に政治的権力を含ましめるばかりでなく、内面的世界の支配権をも含ましめようとして、国家主権の偶像たる天皇にあらゆる精神的権威を附与せしめたのであった。こうして天皇は、あらゆる価値創造の根元として設定され、いかなる思想信仰道徳も、天皇を超えては考えられないものとなったのである。

かくしてここに、国家神道が成立せしめられ、いわゆる「国体」の観念が創出されて、明治以来の日本人の精神生活のうえに至上のものとして君臨するわけであるがこの間の事情は、同氏の「現代日本の思想」(岩波講座『現代思想』第十一巻)に明快に論究されているところであるから、くわしくはそれをみていただきたい。

ただ、遺書をみたばあい、それらの一般的な権威づけがなにによっておこなわれたかといえば、「忠君愛国」「義勇奉公」を中核として儒教倫理を添えた「教育勅語」であったことがしられるのは戦前の義務教育のしからしめるところからとうぜんのことといわねばならない。

天皇的権威の思想的内容たる、「教育勅語」「軍人勅諭」その敷衍たる「戦陣訓」などを、その死生観の根底として、自己の死を完結した人びとは、戦犯刑死者たちの中にかなり多い。いな、ほとんどの人びとが、かかる死生観をなんらかの意味で表現して死に就いたといってよいであろう。その、きわめて簡潔にあらわれている例を、さきにいくつか引用して掲げたわけであるが、ここでは「勅語」や「勅諭」による死生観の、より定型化されている例を、とり出してみよう。

「兄は明日死刑になるが、悪いことをしたとは露ほども思わない。公明正大な気持で潔よく散って行くが皇国の為に死ぬ覚悟は充分出来て居る。恐れも悔いもなく皇国再建のため捨てる生命に何の未練も執着もないが唯皇国の前途を見ずに死ぬのが心残りである。日本の前途は棘の道であるから生活に大革新をなし万世一系の皇統は天壌無窮であるという事を忘れずに日本の再建に邁進せよ。どんな悲しみにもどんな不幸にも堪へ忍ぶ勇気と不動の信念とをもて。そして国を愛し親を敬い姉妹相扶け夫婦相和し真心を籠めて夫に仕へ子供を立派に教育し私心を捨て大愛に生き幸福に暮せよ。此の肉体は滅しても霊魂は不滅であるから、兄は必ず祖国に帰り国及び合田家を守る。……

皇国のまことの道をかしこみて思いつつ行く、思いつつ行く」（同書三二二頁）【合田豊氏。香川県出身。元海軍兵曹長。昭和二十一年七月十一日。「シンガポール、チャンギー」に於いて刑死】

この遺書には、「教育勅語」の思想が、すじみち立ってあきらかにみてとれる。「教育勅語」には平和時における倫理関係もふくまれているので、切迫した遺書にある種のあたたかい人間性をただよわせている。おそらく筆者は、戦前の模範的に真摯な日本人であったであろうか。

ただこの遺書のはじめにもあるとおり、戦犯刑死者たちには、罪の意識はない。これは行為を正当ならしめる根拠が、当時の国家観念を背景としてあったことからきているのであるが、反面からいえば、罪それ自身を形式的・表面的にしか考えていないことにもよる。さきにふれたような宗教的反省の欠如が、より深い人間的な罪悪感の欠如とはなって、このように明瞭にあらわれてきているのである。

宗教における罪悪感は、キリスト教ばかりでなく仏教においても重要な要素をなすものである。したがって、この問題については、のちほど章をあらためて深く追及するつもりである。

以上は『教育勅語』によるまとまった死生観のすがたをしめしたのであるが、さすがに戦争による死だけあって「軍人勅諭」「戦陣訓」などによってその死生観を簡潔にのべたひとの方が、はるかに多い。

これは刑死者たちが、人生の半ばにも達していない年齢で、いわばおのれ自身のことばをもって味いふかく表現するに足る死生観をもついとまもなく、不幸処刑されたことによるのかもしれない。しかし、これをもってその人生を終わっている以上、形式的類型的であるといっても、やはり厳粛に、その死生観はとり扱われねばならない。

「謹書、死生を貫くものは献身奉公の精神なり。死生を超越し一意任務の完遂に邁進し、心身一切の力を尽し、従容として悠久の大義に生きる事を喜びとすべし。只ただ己が本分の忠節を守り義は山岳よりも重く死は鴻毛よりも軽く覚悟して逝く身は勇にして壮一点の曇りなき心境なり。呉々も御心配なく」(同書一六一頁)【山村秀次郎氏。山形県出身。元憲兵軍曹。昭和二十三年四月五日。「グロドッグ」に於いて銃殺刑。三十三歳】

これは、けだし典型的な「戦陣訓」と「軍人勅諭」による死生観の表現というべきであろう。なおこのほかに、

「戦陣訓に『悠久して自然の大義に生きよ』実に敗戦の真実なること是に直面して国家の為小我を殺し大我に向ふ。之即ち人間の道なりと悟り得」(同書七二頁)【伊庭治保氏。滋賀県出身。滋

賀県立栗太農学校卒業。元官吏。元陸軍大尉。昭和二十二年一月二十七日。「漢口」に於いて刑死。二十九歳】

などがみられる。

「遺骨は帰らざることありとも悔ゆ可からず、野戦の山野に死屍をさらした戦友のあることを想起すべし」（同書六六二頁）【相原一氏。愛媛県出身。元陸軍伍長。昭和二十三年八月二十一日。「巣鴨」に於いて刑死。三十七歳】

「私は戦争中日本軍人の一員として明治天皇の下された軍人勅諭の精神を以て忠誠を尽して来たのであります。その点いささかも悔ゆるところがありません」（同書六三七頁）【片岡正雄氏。千葉県出身。山武農学校卒業。元教員。元陸軍曹長。昭和二十四年二月十二日。「巣鴨」に於いて刑死。四十歳】

などの、断片的な文章からも、かれらがいかに「軍人勅諭」や、「戦陣訓」を、その死生観の根底としていたかがわかる。

これは、なにも戦犯刑死者ばかりでなく、戦争中に戦死したより多くの人びとが、内面はどうあれ、外面的にはほとんど天皇を中心とする国家至上主義的死生観によりかかって死んでいるのであるから、あえてここに戦犯刑死者のばあいのみをあげて喋々《ちょうちょう》する必要はないわけであるが、しかし問題は、じつにこの先にあるのである。

すなわち、戦争中の戦死者にとっては、死は瞬時のものであり、とてもおのれの抱いた死生観について、ある種の反省と思索をこころみる余裕は、ほとんどなかったといってよい。よほどつね日頃から、この種のこころがけをもっているひとを除いては——。逆にいえば通常の日本人は、死についてそれほど突きつめた追及をなしていない。

けれど、戦犯刑死者のばあいは不可避的に死に直面していたうえに、多少なりとも、時間的に余裕があたえられていた、とみてよいであろう。死についての意義づけをなす余裕があったのである。また戦争犯罪者という性格からしても、いちおうは形式的にもかかる罪に陥ったその理由をたずねるという意味から、かならずや天皇・国家のために死ぬという意義が、あらためてかえりみられなければならなかった。

したがって、かれらが、戦時中とまったくかわらぬ国家至上主義的死生観を、上掲の遺書のごとく表明したといっても、これのみに終わらないところに、戦前のそれとはことなるものをもつ。上例は端的に、国家至上主義的死生観をしめしたにすぎない。やはり他の遺書からは、個としての死の意義づけが、なんらかのかたちで検出されてくる。これが両者のいちじるしい相違ということができるのではあるまいか。

通常死について深い追及をしない日本人が、やむをえず投げこまれた限界状況にあって、いかに死を考えたかが、そこにうかがわれるのである。いわば一般の日本人の死に対する態度——それは日本人の宗教への態度と深いかかわりをもつと考えられるが——の原型らしきものが、そこから摘出できるようにさえ思える。

私が、宗教的な視角から戦犯刑死者の死生観をとり扱ったねらいの一端は、じつにここにあったといってよい。

しかし、天皇、国家のために死ぬという意味以外の、個としての死の意義を追及しなければならなかった戦犯刑死者たちは、〝天皇陛下万歳〟を叫んで死んでいった戦死者たちよりも、精神的には苦痛であったことはいうまでもない。天皇・国家への忠誠死には、それとしての完結した救いがあったからである。

じじつ戦犯刑死者たちの多くは〝天皇陛下万歳〟を叫んでも、なおも生きつづけねばならぬおのれの生の意義づけに、多大のとまどいと苦痛とを訴えている。

ことに天皇が人間宣言をされ、新憲法が公布されて、絶対神聖視されていた天皇制が目のまえに崩壊してゆくさまをみると、だれの眼にも天皇のために死ぬこと自体が、ひとつのナンセンスとして映ってくる。しかるに戦犯刑死者たちは、かつての天皇制下において不可避的に犯した罪によって死ななければならぬ。もう死を托すべき天皇・国家は、すでにない。といって、自己の内面に頼るべき確固たる死生観はない。それらはあげて天皇・国家へと投げいれられていたのであるから——。

かれらは、上引の竹内氏の言をかりれば「もしそのような（天皇制的な——著者註）環境が奪われた場合、つまり心が空虚になって何か支柱というか信仰というか、そういうものを求めないではいられないような状態、つまり危機の状態」におかれたのである。かれらの無限の苦悩はここから発する。いちどは、天皇・国家への忠誠死におのれの生命を賭けた戦中世代のひとならば憶《おぼ》えはあろう。天皇制の崩壊にともなう耐えがたい生の空虚感を——、そして、それからの脱出にいかに屈辱と挫折に充ちた精神遍歴を辿ったかを——。

私個人にしていえば、安易な天皇制へのよりかかりからの脱却が結局は自己の宗教性への自覚となっていったのであるが、このような精神のプロセスをへた戦中世代のひとは多いと思う。

が、ことわっておくがこのことは、なにも現実の天皇制を否定することを意味しない。国家と宗教との痛烈な対決から、宗教への自覚の契機をつかんだまでである。私自身、天皇制は、現在のようなかたちで歴史的に存続せしむべきであるという穏当な意見の持主である。この点、誤解のないように念を押しておく。

ただ、いまだに天皇制との抱き合せでなくては宗教を——仏教を——考えることができない戦前のひとたちの宗教意識とは、すくなくとも戦中世代のものは明瞭な一線を画すべきである。

そうでなくては、戦犯刑死者のこれらの苦悩も無となってしまう。また戦中世代のかけがえのない精神遍歴も無となってしまう。われわれは、ここに戦後の日本人の新しい宗教への——具体的には仏教への——方向づけを、新しい視野を展《ひら》く足がかりを、見いださなければならないのではないか。このことは、別の機会に論究してみたい。まずしい戦中時代の精神遺産のひとつが、そこにあるように思われる。

けれど、いま、ここでとり扱っている戦犯刑死者たちの遺書が、時間的に限度があり、かつそれまで個人を基本とする思索に慣らされていないのであるからとうぜんであるが、自己の追求をかかる限界状況でこころみたといっても、きわめて底の浅いものとなってくるのは、痛ましいけれどやむをえない。

そこには個人的の生の意義づけ——いいかえれば、かれらの現在における死の恐怖から遁れ出ようとする宗教的安心——と、自分が天皇・国家のために死ぬといういわゆる死の目的・意識とが、なんら有機的に関連づけられていない。両者はただ単に感情的に漠然と並行しうるかのごとく考えられていたように思える。論理的にみれば、外面的な天皇・国家への死と、内面的な個人の死生観のあいだには、なんらのつながりさえもなかったかにみえる。

ここから、まことに奇妙な、なんといったらよいか理解にくるしむ、痛ましい死生観さえ、じじつ多くの戦犯刑死者には現われている。が、戦後世代のひとたちが、あるいはもつであろうような気持は、もうとう感じられない。私自身、このような限界状況に当時おちいったならば、おそらく似たようなものであったと、身につまされて考えられるから——。

これは個というものを、すっかり天皇・国家の中に没入してしまって、個人としての生き方を自覚的に考えることをしなかったものが、眼前に迫った死をまえにしておのれの、個の、死にはっと目覚めかけたとき抱く、悲惨な焦燥ともいえる。

したがって眼前につきつけられた、ほかでもないおのれ自身の死ととりくまねばならなくなっても、そこにはただ安易なせまい意味の個人の死の恐怖からの解放――ということだけが考えられて、個を中心において、このような死に自分を追いこんだより大きい運命――すなわち天皇制、国家悪、戦争悪――さらにいえば、人間闘争の暗い本能へと自己を開眼せしめることなど思いもよらなかったのである。

われわれは、戦犯刑死者のひとり、中屋義春氏という一個人のたどった貴重な思考のプロセスをとおして、この天皇制にささえられた国家至上主義的死生観と、個人の死の意義という関係を、現実に追究してみよう。

氏はまず

「これから先如何なる変化あるとも従容自若日本軍人の最後を飾る決意確固たり。……。山行かば草むす屍海行かば水漬く屍大君の辺にこそ死なめ顧みはせじ。この地に於て死すもすべて大君の為め祖国の為めなりと笑って死す」(同書五六頁)【中屋義春氏。高知県出身。高知県立農林学校卒業。元憲兵中尉。昭和二十一年十一月十五日。「徐州」に於いて銃殺刑。四十二歳】

と、日本軍人として立派に典型的な国家至上主義的死生観をのべている。が、それにもかかわらず、別に「死生観に就いて一寸述べる」として、つぎのごときおのれ自身の、個人的な死生観を書きしるしている。終戦後あたえられた一年有余の歳月と、四十二歳という年齢は、かなりまとまった死生観のすがたをしめすのに十分であったと考えられる。

「生あるものは必ず死すということはきまったものだ。然し一度びこの世に生を受けた以上はどこまでも生き抜きたいというのが人間の生に対する愛着だ。どこまでも生きるという信念の下に活躍する処に生の妙味、生に対する感謝がある。希望も又生れて来る。人間は希望に依って人生を美化させなければいけない。人間病気にかかり死の確定的な者でも一分一秒生きのびたい。生かしたいというのが人間愛の発露であり将又死して行く者の人生に対する執着だ。まして元気にして若き者が死を決意することは人間を超越した偉大なる決意と勇気がいるのである」（同書五六頁）

そこには、生あるものは必ず死すという日本人に潜在する仏教的諦念ともいうべきものを抱きながら、個の生にかぎりない愛着と同情をしめすすがたが、すなおにあらわれている。すなわち宗教への姿勢が、わずかながら漠然と情緒的にしめされてはいる。

けれども、さらにもう一歩踏みこんで、その愛着すべき自己を内面へと掘り下げ、おのれ自身の生き方を主体的に確立してこそ、そこに自覚的な人間のありかたが、つまり宗教へとなんらかの意味でつながるコースが見いだされてくるわけなのであるのに、このばあいは、死の意義づけは国家意識によってなんら疑問をさしはさまないほど鞏固であるから、死への追求は漠然たる情緒的な程度にとどまり、それによって死の恐怖からいくらかでも解放されれば、それはただちに熄んでしまうのである。

「死に対する宣告。その当時は精神的にも肉体的にも大きな衝動を受けたが、今日この頃は死を超越し、死の恐ろしさを少しも感じない。自分の潔白を立証せしめ、然る後自分の執るべき道は立派にきめている。若しそれ余が、知る人も無き地に於いて死せんか、その真意を公にすること不可能なるが故に仏も浮かばれざるべし。然れ共余の行動或いは本事案に対する真相は地知る天知る人ぞ知る。天地万の神明御照覧あり」（同書五六頁）

と、いうことになって、どうしてもこれ以上、宗教への内面的掘り下げがおこなわれないのである。これは天皇的権威に枯抗する精神的な宗教的権威がうちになく、前者がことのほか強力なところから、後者への追求が停止されざるをえないことをしめす好箇の例である。もちろん両者が、なんら有機的な関係をもたないこともいうまでもない。

このような例を、もうひとつあげてみよう。

「何故に戦犯として死を宣せられたるに平静なりや、天皇帰一即ち『我神の子たり』『我神となる』の信念を有すればなり。然るが故に死んで行く人は皆『神』となることを信じている。泰然自若として『天皇陛下万歳』を唱えて逝けるのも天皇帰一即ち神の精神を堅持するからである」（同書三三五頁）【合志幸祐氏。熊本県出身。元憲兵大尉。昭和二十六年六月二十六日。「マレー半

島、クアラルンプール」に於いて刑死。三十八歳】
合志氏のばあいは、たんなる国家意識を超えて、のちにのべるがごとき天皇帰一という強烈な国家神道的信仰をもっていたようであるが、その反面、宗教への姿勢がぜんぜんないというのではない。
「正義を知り慈悲に厚い日本人だ。仏の道を歩いて来た日本人だ。理解していることは疑問の余地はないと我は信じている。妻子よ、夫は父は死んだのではない。生きている。そしてみなさんと毎日生活していることを忘れる勿れ。故に愁も悲哀も淋しさもない。常に明るく強く朗らかに生き抜いてもらいたい。神仏の道を知悉し、更に修養努力し、そして之を日常生活に実践していただきたい。国家も社会も個人も凡て愛と理解によって包容する時節は必ず来る」（同書三三五頁）
しかし、この愛と理解とは、氏の遺書の中で、これ以上はすこしも掘り下げられてゆかない。それどころか「私の死生観」と題して、つぎのような徹底した国家至上主義的死生観をのべ、遺書をむすんでいる。
「特に軍人は死生の問題をはっきり認識せねばならぬ。即ち死ぬべき時に死に、生くべき時に生きる。では如何なる場合が死ぬべきか。それは唯一途に君国のため大義名分に徹するのだ。それは唯部下のため大にしては君国のため敢然且笑って死ぬことであった」（同書三三五頁）
いかに天皇制国家によって、徹底したその死生観をうえつけられた職業軍人といえども、人間である以上、おのれ自身の個人的な生死観も、またそれなりにもたないわけにはゆかない。が、そのばあい、前者の強烈な制約下で追求さるべき範囲というものは、結局この程度のものにすぎなかったことを、うえの二例はしめしている。

したがって

「君恩の有難さに感涙し、天皇陛下万歳を絶唱し新興日本の礎石として神仏に縋りつつ雄々しく静かに逝く」(同書三一五頁)

というような遺書の結句が、ごく自然のかたちで、あらわれてくるのも決してふしぎではない。ただ、そのばあい、個人的な死の安心を、いったい何によって得るのか、神道によってか、仏教によってか、あるいはまたキリスト教によってか、ということから、そこに僅かに宗教的色彩を情緒的におびた個人差がみられるのみである。ということは　たとえ個人の安心を、これら既成宗教に求めたといっても、その出発点において上述のごとき制約がある以上、普遍的人間性にもとづいて自己の思考と体験とを、それらの宗教のなかで自由に発展せしめてゆくことは、とうてい不可能であったのである。

悲惨といえば悲惨であるが、これが遁れられない戦犯刑死者たちの多くの陥った運命であり、当時の日本人の、おそらく誰でもが担っていた運命であろう。そして、それは、いまでも戦前に生長した日本人にはつよくのこっていて、宗教を否定するにせよ肯定するにせよ、ともあれ純粋に宗教と対決する態度を喪わしめていることはくりかえしていうように竹内好氏の指摘したごとくである。

天皇に精神的支柱までを求めてほんとうの意味で自己内面に頼るべき精神的権威をもたなかった日本人の精神状況は、上引の丸山真男氏の論説にあきらかなごとく、それが永い期間にわたっていただけに、一朝一夕にはなかなか改まりそうもない。

以下、第二章―神道、第三章―仏教、第四章―キリスト教、と各章にわけて、その憑りかかっている宗教にもとづく各様の生死観を吟味してゆくわけであるが、すくなくともその追求さるべき限界というものが天皇制の制約を出でなかったということは、ぜひとも留意しなければならぬ重要な点である。

どの宗教を求めても、日本人の思考態度は、結局はつねにおなじ線上にとどまって、それ以上すこしも進展しないことを、以下の多くの実例とその分析はわれわれに明らかにもの語るであろう。

われわれは結論をいそいではならない。宗教と国家権力との対決は西欧史上ひとつの結論がだされていること周知のとおりである。しかし、私は、まずしいながら日本人自身によってなされた両者の対決――克服のプロセスを、じっくりと辿ってみたい。借りものでない日本人の宗教への自覚過程を検証してみたい。そうでないと日本人は、近代的の意味の宗教的自覚にたって、自己の人間形成をいとなむことが、永遠に不可能のように思える。

言語を絶する戦犯刑死者たちの苦悩に充ちた思考の辿りゆきのなかに、おぼろげながらその萠芽をみとめたとき、私は唯一の生きる希望をもって、この論究にとりくんだのである。

第二章　国家神道にもとづく死生観

前章でのべたような、天皇制にもとづく国家至上主義的死生観を、もっとも内面的な意味においてささえていたものは、いうまでもなく国家神道である。

国家神道が「宗教」であるかいなかは、それが「神社は宗教にあらず」との論理をもって、信仰の自由との矛盾を避けつつ超宗教的に国民にのぞんだところからして問題であるが、すくなくとも国家神道が天皇を最終の帰結とする国家至上主義的死生観の、宗教的根拠を提供していることはいうまでもないことである。

そこで、いま、その比較的純粋にあらわれている例を、遺書のなかから拾ってみよう。

「大君の為此処に散ってゆく彼等の心は実に美しく澄みわたっています。真に神に仕え神に我が身を捧げる人間の心境が斯くまで美しく冴えわたって来るものかと現人神であらせられる我が大君の聖恩の有難さが五体に犇々と迫ってくるのであります。今此処に敵の政策の犠牲となり無実の罪に倒れてゆく個人の痛恨を超越し、幸福に満ち喜びに満ち、清く美しく冴えわたった心境にある事の出来るのは国家をおもひ大君に総てを帰一し奉る日本人としての尊き信念より生まれ出づるものであるを信じ、日本人として生まれ日本人として散りゆく事は無上の光栄であり、最大の誇りであります。即ち天皇を神と仰ぎ総てを天皇に帰一し奉り、我等斉しく神の子であるとの自覚に生きる事こそ、日本古来の伝統であり我等日本人の信念であります。この神の存在なくして我等に安心立命の境地なく、生死を超越し悠久の大義に生くる喜びも生まれて来るものではありません」【神野保孝氏。岡山県出身。中野高等無線学校卒業。元陸軍中尉。昭和二十二年六月二十七日。「ビルマ、ラングーン」に於いて刑死。二十八歳】

これは天皇帰一を目的とする国家神道的思想が、自信に溢れつつも、やや控えめに、すなおに流出しているめずらしい例である。われわれは、さほどの厭味をそこに感じないであろう。

多くは、つぎに掲げる例のごとく、多少の強為をともなって語られるのが、ふつうである。

「皇道に殉じ一億御民の人身御供、生贄として往生いたすにつき次の遺言をなす。

一、神仏を敬信し、行住坐臥神に語らひ、仏に問ひ、すめらみことに帰一し奉り皇道に生くべし。日本人の信教天照法也。此の中には神道も仏教も儒教もキリスト教も回教も含まれてあり。天皇帰一則忠孝の大本にして神に語らひ仏に問ふて進退するは是道程方便なり」(同書二六七頁)【杉林武雄氏。元警察官。元陸軍警部。昭和二十三年二月四日。「メダン」に於いて刑死。三十七歳】

「生ヲ皇国ニ享ケ昭和聖代ニ育チタルハ吾ガ最大ノ幸、前古未曾有ノ国難ニ際シ愛国ノ熱情止ミ難ク、学窓ヲ捨テ勇躍海軍花機関ニ身ヲ投ジ聖恩ノ万分ノ一ニ応ヘ奉ラントス。八紘一宇大理想御神勅ハ真ニ宇宙ノ大真理ナリ。聖意ヲ安ジ奉リ神意ニ応ヘ奉ルノ道、コレ真ノ皇国日本臣民ノ生クル道ナリ。夫レ天皇国日本ノ外ニ日本国ナシ。大真理ナリ。天皇道ハ真ナリ。サレド『スメラギ』ノ道破ル。吾亦戦犯ノ名ノ下ニ斃ル。サレド吾ガ信念ハ不変ナリ。益々確然不抜ナリ。天皇道ハ宇宙ノ大真理ナリ。尊皇赤大真理ナリ。サレド其方途過テリ。大不忠ノ極ナリ。吾諾然トシテ犯罪者国賊ノ名ニ甘ンズ。吾等臣民今茲ニ純ニシテ純ナル天皇道ヲ極メ、必ズヤ神意ヲ戴キ尊皇ニ生キ抜キ必ズヤ大理想ヲ実現シ、以テ真ノ世界人類ノ平和ト幸福ヲ齎シソノ処ヲ得セシムルノ大責任アルヲ自覚シ、ソノ実現ノ日ノ早カランコトヲ念ジ邁進スベキモノナリ」（同書一五二―一五三頁）【早田清高氏。長崎県出身。興亜専門学校卒業。元海軍嘱託（特務班長）。昭和二十三年九月九日。「バンジェルマシン」に於いて刑死。二十三歳】

「君が代は千代に八千代にさざれいしのいはをとなりて苔のむすまで
是れが我が熱禱にして同時に信仰且絶対の讃歌なり。我身を以て之を祈り、信じ、且歌へり。一世を通じ之を行んが為に学び、鍛え、研み、戦へり。斯くて生き斯くて死せんとす。而して君が代と共に永世に生き、永遠に亡びざるものなり。

『さざれ石の巌となりて』

とは自然現象上無理なる願なり。されどこれを祈り、これを不動の信仰とするところに民族の希求と日本の悲願を見る」【田中軍吉氏。東京都出身。陸軍士官学校卒業。陸軍少佐(予備)。昭和二十三年一月二十八日。「南京」に於いて刑死。四十二歳】

ふしぎなことに、これらの遺書の中には、国家神道の理論を真正面からふりかざしたものがない。これは国家神道そのものの理論的脆弱性にもよるのであろうが、反面いかに日本人が感覚的にしか神道を把んでいなかったという左証にもなる。われわれはかろうじて上掲のごとき天皇道、天皇帰一信仰を、国家神道的思想のやや代表的なものとして見いだすのみである。

早田氏は興亜専門、田中氏は陸士、というともに特殊な学校を出ていることは注目しなければならぬが、かりに職業軍人といっても天皇絶対であることはいうまでもないにしても、その内面的なささえとしては、ほかに、たとえば仏教などにこれを求めたばあいがすくなくない。田中氏のごとく、神道にもとづいて、天皇を自己の信仰内容にまでもちきたしている例は職業軍人といえども、そうはないのである。

このことは、明治以来の国家神道が、いかに不自然な強意をもって形成されたかを、あきらかにもの語るものといえよう。

さてこのように国家神道的なものに内面的なささえを見いだしてきたばあいは、普遍的な世界宗教のかたちをとっている仏教やキリスト教にそれを求めたのとちがって自己の内面的な死の意味と天皇への忠死とが、まったく一枚となってそこに矛盾の感情がさしはさまれない。

みようによっては、いちばん幸福な型であろう。したがって天皇制的な国家至上主義的死生観の、内外ともに整ったかたちといえる。

すなわち、ほとんどのものが、上述のごとく天皇制を中心とする国家神道の制約下にある以上、その遺書の中に、天皇崇拝を大なり小なり書きとどめているが、多くは極めて感覚的、断片的で、いってみれば形式的な感じさえうける。信仰的にまで吐露したものはすくないのである。

その意味で、田中氏のように、たとえ深くはなくとも、これを自己の信仰内容にまでもちきたそうとする態度は、それなりに自覚的であり、スジがとおっているともいえるのである。

しかし、明治以来の強力な国家神道の徹底にもかかわらず、誰でもが、かかる天皇信仰を内面にまでもちきたしたのではない。上掲のごとき田中氏や早田氏の例は、ごくかぎられたひとのみあてはまるにすぎない。

というと、大部分のものは、不自然に形成された国家神道にはさすがに随《つ》いてゆけず、おのれの内面的信仰だけは、これをほかに、たとえば仏教やキリスト教に求めたのであろうか。もちろんそれはあるにはある。第三章「伝統的な仏教を背景とする生死観」、第四章「キリスト教入信者たちの生死観」は、それぞれこれらを詳論しようとするものである。

けれど、のちにそのところでふれるように、仏教的信仰やキリスト教的信仰にふれたものは、どちらかといえば、そうたくさんはない。

とすると、国家神道的な天皇崇拝にもなりきれず、といって仏教やキリスト教をも深く求める態度もないということになると、いったい大部分の戦犯刑死者の死生観は、なににもとづいていたのか、ということになるわけであるが、すくなくともそれが、しいて国家神道を宗教と認めるとしても、宗教それ自体にささえられていないことは　かくしようのないじじつである。

ここで　われわれは、序章でのべた日本人のひごろの無宗教性にはしなくも出あうわけであるが、その結果が現実に戦犯刑死者たちの死生観に、どのようなかたちであらわれてくるかといえば、これが第一章で詳論した「勅語型」「勅諭型」の、内面的信仰をなんらともなわない形式的なそれであることは、いうまでもないであろう。

もちろん「勅語型」や「勅諭型」の死生観が、いちおう国家神道的思想を背景とすることは論をまたないが、これを自己の信仰内容にまでもちきたさないばあいは宗教によってそれらがささえられているとは厳密な意味でいえないのである。これは国家神道を、ひとまず宗教と認めての論である。

さて、国家神道を背景としながらも、なんら宗教的要素を帯びない「勅語型」や「勅論型」の死生観が、職業軍人ならともかく、一般のひとにも多いということは、深く考えねばならぬ点である。これは後章で、年齢別による死生観の相違をのべるときふれるが、二十代の若いひとたちにこの型が多いということは、わが国の青年たちの宗教意識の発達という点からみても、見のがすことのできぬ重要な問題を含んでいると考えられる。

国家神道が、従来の神道がもたなかった倫理をその教理の中にくみ入れ、その公定の教説ともいわれるべきものが、かの「国体の本義」(昭十二)であり、「臣民の道」(昭十七)であることは周知のとおりである。しかし「国体の本義」の中のつぎのごとき一節をよむと、われわれは明らかに、国家神道がいわゆる宗教としての性格をもちえないことをしるのである。

「わが国の神に対する崇拝は天や天国や彼岸や理念の世界における超越的な神の信仰ではなく歴史的国民生活から流露する奉仕の心である」

したがって、たとえ国家神道的信仰をおのれの内面的信仰にもきたしたとしても、そこから普遍的な世界宗教にいたる道は、はじめからとざされていたのである。上掲の、早田氏や田中氏の例にみられるごとく、そこにはなんら普遍的な宗教精神への志向はみうけられないのである。

いわんや、これを自己の内面までもちきたそうとしない「勅語型」や「勅諭型」の死生観に、宗教的内容の存在しないのは、いうまでもないことであろう。

これは現世的権威であるべき天皇を、次元のことなる精神的権威にまでまつりあげた国家神道の構造に、そもそも無理があるのではあるまいか。

しかし、国家神道は、国家のちからをもって強制的に押しすすめられた結果、形式的には、御真影奉拝とか、宮城遙拝とか、あるいは勅語勅諭の奉読、国家斉唱、万歳三唱などという、一連の宗教儀式ともいうべき型をつくりだした。前章でのべた戦犯刑死者たちの最後の刑場の場面は、ほとんどこの類型化といってよいであろう。

そして、このような型の強制はついにはすべての生活が天皇帰一への奉仕としてまで意義づけられ他の精神生活は、事実上ゆるされないものとなってしまったのである。

かの戦時中おこなわれた「大東亜宗教宣言」は、仏教やキリスト教が、まったく国家神道に降ったことをしめす決定的な証拠であるが、このような事情が背後にあるとすれば、第一章でのべたごとく日本人の宗教意識が、ついに天皇的権威を超え得ないことは、とうぜんのことと首肯されてくるのである。

形式からいっても内容からみても、戦犯刑死者たちの死生観のすべてが、ほとんど天皇制のワク内にあるじじつも、このような立場からは、ごくしぜんに理解されるであろう。

ただ問題は、じつに多くの日本人が、かかる「勅語型」「勅論型」の死生観をいだいて死んでいる以上、それらは一つの歴史性を獲得するのではあるまいか、ということである。

すなわち明治以来、約半世紀以上にわたって形成された国家神道を背景とする「勅論型」や「勅語型」の人間像というものが、国家神道成立以前の諸思想に分析されることなく、統一されたひとつの歴史的人間像として、把握されなおすことが現在必要なのではあるまいか。

このことは逆にいえば、日本人が、ともかくも「勅語型」や「勅論型」の単純な死生観で、その死生観がいちおう間にあったことをしめすものであり、その意味で、真の意味の宗教なくして死につくことのできる明治以来の日本人の精神構造が、あらためてかえりみられなければならぬわけである。戦後の意識をもって、これら、「勅語型」や「勅諭型」の死生観の、無内容な形式性をつくことはやさしい。軽々しい批判が、このような死生観を抱いて死んでいったひとたちに、戦後なげかけられたゆえんである。

しかし歴史のじじつは、あまりに厳粛である。私が、たんに戦後意識からのあまりに思いあがりの冷淡な、これら戦犯刑死者たちへの批判にくみすることなく、ひたすらじじつに即しつつかれらの窮極をささえ得たものを、真正面からとり出そうとこころみたのも、ひとえにかれらのこの歴史性を重んじたからにほかならない。

このへんのところ、方法論的には戦後意識を是認しても、これにまったく同調できず、といって戦前のひとたちの意識にもとうてい随《つ》いてゆけない、戦中世代特有の歴史経験があるように思われる。そして、現代日本人の精神構造の一端が、ここらあたりを手がかりにして解明されてゆくように思われるのであるが、ここではたんに問題を提出するにとどめておく。折あらば追究してみたい問題の一つである。

また上来のべてきた私の所論が天皇への忠死を認めるのでもなく認めぬのでもなく微妙な一線を左右しているのも、みな元をただせばこの戦中世代の特殊なもののみかたによる。このことは、すでに多くのひとは気づかれているであろう。戦前と戦後をむすぶ思想的通路のような役目が、そこにあるように思われるのである。

なお、わが国古来の神社神道と、明治以後成立した国家神道とは、宗教学的にみて厳密に区別すべきものであろうが、この神社神道的思想は、われわれは『世紀の遺書』の中で、わずかながらそれらしきものを指摘できるのみである。この古来の神道思想は、モンスーン的な日本の風土に自然発生しただけあって、それが民族性格の重要な一部分をつくっていることはいうまでもないことであるから、見落としてはならぬが、遺書にあらわれた例は二、三にすぎず、数がきわめてすくないうえまたそれが世界宗教へと発展する可能性はまったく考えられないから、これは指摘する程度にとどめておく。

国家神道の、その倫理的側面をひきうけたのは、いうまでもなく儒教であるが、その代表的徳目のひとつである「至誠」は、神道の「まこと」と合体して、ひとつの死生観の根底をつくっていることは、つぎの諸例からしられる。これは国家神道のワク内であるが、ともかくも儒教らしき死生観があらわれているものとして注目すべきものであろう。

「総ての罪を引受け、個人としても日本男子の名に恥じず雄々しく笑って死について行く者、死生を超越せる姿は神に近し、死刑執行に当っても平常と何等変ることなく『お世話になりました後をお願ひします』と笑ってゆく人、願はくば我もかくあり度しと常に思ふ。死生命有り論ずるに足らず、信ずる途を只邁進するのみ、死生何ぞ論ぜん、至誠以て使命達成あるのみ、至誠神に通ず」(同書五六七頁)

『正義』『誠』これに一途に進み得た人間ほど幸福なものはないという事をつくづく感じます。『朝に道を聞けば夕に死すとも可なり』」（同書四二四頁）

「私の陳述は飽く迄事実であり正当であったことを相手側が信用して呉れない限り如何にして之を納得せしむべきか、死は至誠の最高峰的表現である。之に代るべき何ものでもないではないか」（同書六五頁）

「愈々死期も近づいて参りました。

今の私は正しく生き忠実に任務を遂行して祖国に殉ずると云ふあらたな落付いた気持で死ぬことが出来ます。この現世に残した足跡は小さくとも悠久に連なる至誠に生きることによって私のささやかな生涯は意義づけられるでせう」（同書四四三頁）

「教育勅語」や「軍人勅諭」が、神道と儒教との奇妙な抱合わせであることはいうまでもないことであり、とくに「軍人勅諭」における「まこと」が人間行為の良心のよりどころといちおうされているところから、上掲のような儒教的であると同時に神道的な死生観が生まれたのであろう。このことは案外儒教的な思想が日本人の死生観におおきな影響をあたえている左証として興味ぶかい。

ここで、私には吉川幸次郎氏のつぎのようなことばが、想い出されてならない。

「日本に於けるキリスト教信者は、三十万にすぎないといわれる。仏教信者は、やや多いであろうし、新興宗教の信者も相当あるであろう。しかしもっとも多いのは、普通の意味でいういかなる宗教とも無縁な人たちである。その人たちは、何によって生きているかといえば、相互の信頼によって生きている。相互の信頼ということは、要するに人間の善意を信頼するということにほかならない。『君も人間なら、それ位のことは分かるだろう』こうした会話は、キリスト教国では生まれないはずのものである。

もし私のいうことに、何程かの同感をもつ人があるならば、私はそれが更にこまかに分析され研究されることを希望する。それは現存の日本、したがって将来の日本を考える上に、最も重要な問題の一つであるからである。

日本の宗教学者、乃至は宗教史学者の理論は、おおむねキリスト教から出発している。また東方に於いてそれと類似するものとして、仏教の探究に熱心である。しかしわれわれ普通の日本の市民の心情、したがって現代の日本の歴史により重要に関係する心情は、別のものであると、私は思うのである」(『日本の心情』一七五—一七六頁)

たしかに遺書をみてゆくと、宗教とは無縁な死生観にたくさんうちあたる。ここでいう「相互の信頼」「人間の善意」というものに窮極の拠りどころを置いている「至誠派」が、案外多いのである。その「至誠」が神道の「まこと」へと通じたとしても、ちょっと一歩ふみこんでみると、もうそこには宗教的深みはない。これは、仏教についても、キリスト教についても、いえるのであるが——。

こうみてゆくと、仏教やキリスト教とは関係のない、いわば宗教とは無縁な、ある種の現世的心情が、日本人の心情をつよく支配していることに気づくのである。唯物史観からくる無宗教性とも、もちろん異質のものである。そんな論理的なものではない。そして、それはたしかに現代の日本の歴史に重要な関係を有する心情である。それがなんであるか、どれだけ儒教的な影響をうけているのであるか——は、ともあれ宗教を真正面からとり扱っている現在の立場からは、これまた追求を保留せねばならぬ問題であるが、その重要性は、いやというほど遺書から感じられる。宗教関係者の盲点というべきものが、そこにあることはたしかである。指摘するに足る重要な問題であると思う。

が、それはともかくとして、いちおう本論に立ちかえり、純粋に儒教の立場に立った死生観はないものか、ということを吟味してみよう。それについては、われわれはかろうじて、つぎの一例を見いだすのみである。

「先日山本君から徳川時代の漢学者近藤先生の四書(博文館漢文全書)を差入れて貰いました。此の春上野原山君から四書を貰い二回精読しましたが今度又四書講義を貰いましたから精読致します。

此処にあって儒教書を読むとよく解ります」(同書六六―六七頁)【染谷保蔵氏。奉天新聞社社長。終身刑の判決を受け、昭和二十三年八月三十一日、午後三時半「瀋陽」に於いて病死】

これとて、たんに儒教的修養をしたにすぎぬ。けれども、本格的に儒教書に親しんだ例は、ほかに見あたらない。その意味でめずらしい例である。おそらく儒教的な死生観をもっていたとみてよいのではあるまいか。本人の年齢と教養に負っていること大であるとも考えられるが……。

結局、これらの遺書に関するかぎり儒教は、国家神道のワク内で、天皇へ奉仕する人間行為の倫理的基礎づけに、ある程度のはたらきをなしていた——とみることはできる。

天皇制にもとづく国家至上主義的死生観のしめくくりとして、われわれは最後に、いわゆる武士道的死生観についてふれなければならない。

わが国における武士道の発達については、儒教や禅に負うところが多いことはいうまでもないが明治以来の人びとが武士道というばあいは、封建君主を天皇におきかえたそれを意味しているのであるから、いちおうこの章でとり扱うことにする。最初にまず、武士道のような封建社会に育成された道徳が、昭和の今日までに立派に残存していて、多くの人びとの精神的支柱を現実になしえたというじじつを、しめしてみよう。

「六月十八日
父母へ……一人息子のくせに御傍にも居ず、又偶に御会ひする時も、子供らしく優しい言葉も出せなかったのが、残念です、然し武骨な佐賀人らしいところだと許して下さい。

………。

小林大佐殿、長い間の御厚情有難うございました。葉隠武士の子、ドッシリとして参ります。御体に後の戸（註—独房の戸のこと）じまり宜しく頼みます。

……先に寝る。後の戸締り頼むばい」(同書五七二―五七四頁)

このような例は、いうまでもなく、職業軍人に多い。しかも、たんに葉隠武士道的気概ばかりでなく、あとの戸締りを頼むという文中から察しられるとおり、これを立派に行為として実践しているところに、われわれは、あらためて驚異の眼をそそぐのである。

封建意識の残存として、簡単にかたづけられない、なにものかが根づよく存在していて、かれらの死生観をささえているように思われる。西欧的な近代社会理論で割りきるのには、あまりに重い歴史的事実を感じる。それは、これような意識に、ややもすれば容易に同感しがちな、われわれの心情の奥底をかえりみれば明瞭である。前述の線にそって、やはり発掘にあたいする問題と思う。

しかし上掲のような端的な武士道の表現は、さすがにあまりない。多くは潜在的かつ断片的に、つぎのごとく書きしるされている。

「武士道の誠をつくせし清き最後と自ら自負致居候。万感胸迫り最早言葉なく此れが今生の訣れと致す次第に御座候」(同書三九六頁)【音田浩氏。北海道出身。元憲兵曹長。昭和二十一年三月二十六日。「マレー、タイピン」に於いて刑死。二十六歳】

「終りに臨み、……決して軍人として恥づべき行為で最後を終ったのでない。武士として日本人として当然なすべき事をなしたのです。……今更何等心残りはありません」(同書四三〇頁)【笠

井次雄氏。静岡県出身。元憲兵大尉。昭和二十二年一月九日。英国領「北ボルネオ、ミリ」に於いて刑死。二十八歳】

「『心頭滅却すれば火も又涼し』私は今少しも畏れる気持はない。唯立派な古武士のように日本人らしく永遠の眠りに就きたいと思って居るだけです」（同書六三七頁）【片岡正雄氏。千葉県出身。山武農学校卒業。元教員。元陸軍曹長。昭和二十四年二月十二日。「巣鴨」に於いて刑死。四十歳】

そしてこのような武士道意識が、ほかでもない吉田松蔭によって具象化されていることは注目しなければならない。

「『身はたとひ武蔵の野辺に朽ちぬとも留め置かまし大和魂』の辞世を残して悠々として刑場の露と化したあの吉田松蔭先生こそ実に生死に囚れざる人の様です。生死に随順しつつ、生死を超越した人の様です。……又その愛弟子の一人品川弥二郎に贈った手紙のうちにも『生死の悟りが開けぬ様では何事も為し得ない』と言ふ事を細々と教へていますが、僅か三十歳の若さで国事に斃れた吉田松蔭こそまさに生死を超えた人です。生死を諦めた人です。『我今国の為に死す。君恩にまかす悠々たる天地の事鑑照神明にあり』と言った彼吉田松蔭の肉体は消えました。然しその君恩の為に生きんとする尊き偉大なる精神は今日もなお炳乎として輝いて居ります。今祖国のあらん限り必ず永久に、その精神は光り輝いて行くと思います」（同書二七頁）【久保江保治氏。山口県出身。元農業。元憲兵准尉。昭和二十三年三月十五日。「上海」に於いて刑死。三十四歳】

「今に於いて修養の道にいそしむ事は、吉田松蔭先生が死刑の前日、尚経書き講じ居られたのと同じく、私も亦前途に何の希望も光明も見えない絶望の身でありますが、猶修養を怠らず……」(同書五八五頁)【宇内文次氏。山口県出身。元憲兵中尉。昭和二十二年六月九日。「マニラ」に於いて死刑。四十八歳(米国「マニラ」関係)】

「今私ノ心境ハ丁度吉田松蔭ガ安政ノ大獄デ斬ラレルトキト同ジデハナイカト思ッテ居ル。死ノ直前私ハ(幸ニ許サレサウダカラ)次ノ二ツノウタヲ高唱シテ死ナウト思フ。

天皇陛下万歳三唱モ最後ニツケ加ヘテ。海行かば水漬く屍山行かば草むす屍大君の辺にこそ死なめ省みはせじ(国民歌)身はたとへ武蔵の野辺に朽ちぬとも留めおかまし大和魂(朗詠)」(同書六三三頁)【満淵正明氏。神宮皇学館本科第一部卒業。元神職。元陸軍大尉。昭和二十一年九月六日。巣鴨に於いて刑死。三十二歳】

「愈々死期も近づいて参りました。今の私は正しく生き忠実に任務を遂行して祖国に殉ずると云ふあらたな落付いた気持で死ぬことが出来ます。この現世に残した足跡は小さくとも悠久に連なる至誠に生きることによって私のささやかな生涯は意義づけられるでせう。

呼び出しの声まつ外に今の世に待つべき事のなかりけるかも(松蔭)

刑死の呼出しを今か今かと獄中で待って居た吉田松蔭の心境がよくわかります。

これで最後のお別れを至します」(同書四四三頁)【中田新一氏。大阪府出身。関西大学法学部

卒業。元会社員。元憲兵大尉。昭和二十二年四月二十五日。「北ボルネオ、サンダカン」に於いて刑死。三十六歳】

これは、古来の武士道をふまえながらも、尊王の大義を説いた吉田松蔭の思想に対して、武士道的な死にかたを潜在的にもちつつ天皇への忠死におのれの死の意義をみいだしていた戦犯刑死者の多くのものは、いいしれぬ親近感を抱いたことによるものであろう。それに時代もちかく、小学校から身ぢかにおしえられているうえに、さらに松蔭の悲劇的なさいごが、戦犯刑死者たちのそれにきわめて似ているがごとく感じられたのであろうことは容易に想像される。

そのうえ、こんどの戦争で、第一線でたたかって戦後その罪を問われた下級戦犯の多くが、当時三十歳前後であったことも想像にかたくない。またじじつ資料も、これをしめしている。すなわち松蔭の悲劇的なさいごと似ているうえに、年齢までおなじようであることはさらに松蔭への共感をよび起こしたゆえんであろう。

「小塚原で三十歳の若い身を以て斬罪に処せられた吉田松蔭先生などを考えたら喜んで死んでゆくべきだと思ふ」（同書一七四頁）【笠間高雄氏。千葉県出身。元憲兵曹長。昭和二十四年三月一日。「クーパン」に於いて刑死。三十二歳】

「吉田松蔭先生は二十九歳を最後として辞世せられました。私が二十九歳を最後として逝かねばならぬのも又何等か前世からの運命の様に思はれます。私は此の様にして鉛筆を走らせて居ります周囲には同じ処刑の日を待って居る多数の陸海軍青年士官が居りますが、不思議にも其の中の大半は二十九歳です」（同書四八三頁）【前出。後藤大作氏の遺書】

ともあれ、天皇制的なムードの中で、残存していた武士道的死生観をかんがえたとき、いちばん到達しやすい具体的人物が、吉田松蔭であったことは、これらの遺書に関するかぎり、疑えないじじつのように思える。

大楠公への傾注もなくはないが松蔭よりすくないのは、やはり時代がはなれすぎているからであろうか。

戦犯刑死者たちの死生観のかなりの数が、吉田松蔭へと定着していったことは、深く考えねばならぬ重要な問題をふくんでいる。たんに歴史認識の欠如としてかたづけずに、明治以来形成されたこのような人間像の歴史的意義の追求を、あらためて考えさせられるのである。

松蔭については、このほか、さらにふれなければならぬ問題がある。それは戦犯刑死者のじつに多くのものが、

親思ふ心にまさる親心今日のおとずれ何ときくらん

という、彼の臨終における有名な歌を書きしるしているからである。

「親思ふ心にまさる親心今日のおとずれ何と聞くらん

（今の自分には切実に感を同じうす歌にて故郷に在す両親妻子の安否は如何、指折り数へて帰還

を待つと思へば感無量なり)」（同書三七三頁）【佐瀬頼幸氏。千葉県出身。千葉中学校卒業。元警察官。元陸軍警部。昭和二十一年九月十一日。「シンガポール、チャンギー」に於いて刑死。三十六歳】

「我れ今正に従容として死に就かんとす。……乍併戦犯の何たるやを知らず我が悲報を聞く父母兄弟の姿を想起する時、

親思う心に勝る親心今日のおとずれ何と聞くらん

の歌を思い出し、思いは千々に乱れ万感胸に迫る」（同書五五八頁）【大槻富夫氏。京都府出身。元憲兵曹長。昭和二十二年七月十六日。「サイゴン」に於いて刑死。三十一歳】

「お懐しいお母様先立つ大親不孝な正雄をお赦し下さい。

親思う心に勝る親心今日のおとづれ何ときくらん（吉田松蔭）

此の正雄の悲報をきくお母様始め家族、親戚の皆様はどんなでしょう。

それを思うと私の胸は全く張り裂けるようです。今私の頭にはお母様……その他親戚の方々の面影が……家が、庭が、故郷の山河が浮んで居ります。限りなく懐しい」（同書六三六頁）【片岡正雄氏。千葉県出身。山武農学校卒業。元教員。元陸軍曹長。昭和二十四年二月十二日。「巣鴨」に於いて刑死。四十歳】

「私が判決後最も苦しんだのは此の状態を家族に何んと云うて知らせようかと云うことでした。

勿論私自身と致しましては死は少しも恐しく思っては居りません。然し乍ら最後に脳裏に浮んだものが明治維新の志士、吉田松蔭が最後に詠んだ歌

親思ふ心に勝る親心今日のおとずれ何んと聞くらむ

此の歌です。私が子として親を思ふ以上親は私の事を思ってゐて下さる事と思へば万感胸に満ちて幾月か煩悶の日を過しました。子思ふ親心程苦しいものはない事を私は痛感致し苦しんだのです。人間と云ふものは死日が迫ると幼き頃の童心に帰ります。純真の精神になります」（同書四五一頁）【中島徳造氏。長野県出身。青年学校本科卒業。憲兵軍曹。昭和二十三年三月九日。「香港」に於いて刑死。三十歳】

「生前ノ御鴻恩ヲ謝シマス。何等ノ御恩返シヲスルコトナク先に死スルコトヲ御許シ下サイ。何レ詳細ハ判明スルコトト思ヒマスガ戦犯者トシテ『シンガポール』『チャンギー』刑務所デ露ト消エテ行キマス。決シテ悲シンダリ嘆イタリシナイデ下サイ。現在ノ身ニナッテ吉田松蔭ノ辞世ノ歌ガ骨身ニシミマス。何卒身ヨリナキ母ノ後ヲオ世話下サル様ニ御願致シマス。一人ノ子ハ母ノ事ガ只気掛リニナリマス」【原田国市氏。山口県出身。海軍中尉。昭和二十一年四月六日。「シンガポール、チャンギー」に於いて刑死。二十五歳】

そこには、たとえ君のため国のために殉ずるとはいっても、どうしようもない個の生命の、切なる呻きが感じられる。

忠孝一本とか忠孝一致とかは、国家神道を背景として、いやというほど戦前の国民一般に叩きこまれた思想であるが、現実に死に直面すれば、そうかんたんに割りきることもできない。「大義親を滅す」と非情にふり切ることのできぬものがある。これは反面からいえば、忠孝一致とか一本とかいう思想が、ほんとうに国民の中から必然的に涌いてきたものではなくて、多分に国家神道などをとおして形式的に強制されたものであることを示すとともに、天皇や国家の中にどうしても解消することができない個の生命のあることを、はっきり感じさせる。

したがって、この人間が生命の危機を感じたとき必然的に起こる、肉親を思慕するという生の延長あるいは拡充作用をとおして、かならずやそこに人間らしい自覚への道が開けてくることは、容易に考えられる。そして、そこから、逆に戦争や国家への素朴な疑念が発生してこないともかぎらぬ。

その意味で、松蔭のこの歌を書きしるした戦犯刑死者たちの心境には、いわゆる志士的な感懐をこえて、なにか天皇制の制約の中であげた悲痛な人間性の叫びのようなものが感じられてならない。義は君臣、情は父子という封建倫理への、人間性の側からの激しい抗議ともうけとれる。が、このへんで、悲しくも人間性への目覚めをうち切らねばならなかったのは、なんといっても悲惨であるが——。

国家神道思想を背景とする天皇制のもとでは、個人が自覚的に思想信仰をもとめる自由に、おのずから限界のあることを、いくつかの上例はしめしている。

一部の、とくに天皇を信仰内容にまでもちきたしした、ごく少数の幸福なひとたちをのぞけば、だいたいのひとは形式的に軍人勅諭とか残存していたわずかな武士道的な感情などによって、きわめて直観的、直截的にそのこころのよりどころを求めたにすぎない。

それらの内容が、いかに迫真性をもっていようとも、またいかに空疎にひびくかは、これをよむひとの胸に、ひとしくいたましい感じを喚び起こさせるのであるが、しかし、それが、天皇・国家への寄りかかりが大きいためにひき起こされた自己疎外にほかならぬことはいうまでもない。自己をまず人間として自覚することを許されなかった、とうぜんの帰結である。

われわれは、そこに、国家権力による宗教界への干渉が、いかに人間の精神生活を貧困ならしむるものであるかをしるとともに、民族宗教の限界性をきびしく認めねばならない。

国家神道などによって、ある程度の宗教的粉飾がなされえたにしても、そこから世界人類へと通ずる、ひろい意味の宗教的自覚の発生する余地は、はじめからあたえられていないのである。

しからば、自己の内面的信仰を世界宗教たる仏教に、あるいはキリスト教に求めたばあいはどのような結果となったであろうか。

はたして、かれらは、天皇や国家のきずなを脱して、真の意味において普遍的な宗教精神を把握しえたであろうか。

上述してきたように、日本人の精神構造の基盤からして、その結論はおおよそ予想しうるであろうが、私はまず永い伝統を有してわが国民思想にふかい影響をあたえている仏教のばあいから、遺書のじじつに即しつつ、これを吟味していってみよう。

第三章　伝統的な仏教を背景とする生死観

想出深き緬甸（ビルマ）の地
　　獄舎に屍さらすとも
仏陀の胸に抱かれて
　もののふの魂永久に
国の栄を護らなむ（『世紀の遺書』清水辰雄氏の遺詠）【清水氏は、横須賀市出身。元憲兵中尉。昭和二十三年一月十六日。「シンガポール、オートラム」に於いて刑死。四十四歳】

すなおによめば、おそらくたいていの日本人の胸に、そのまま領かれる情感であろう。しかし、われわれが上述の線にそって、すこしでも深く考えてみれば、詠者が、仏教と国家観とを、あまりに疑いなく合体していることに気づくはずである。そこには、漠然とした情緒的な仏陀への思慕が、つごうよく彼の殉国の情に甘くからみあっているにすぎない。

そして問題は、このような遺詠が、なんらの抵抗感もあたえずにほとんどの日本人の胸に、すなおに落ち着くということである。

それほど日本仏教は、国家と融合している――というとたいへん体裁はいいが、じつは、それほど国家の制約下にあり、わるくいえば天皇制国家によって飼い馴らされていた、ということはできないであろうか。

なるほど仏教は、明治初期においてわが国が近代国家として出発する際、その中核をなす天皇の精神的権威づけのために、神道や儒教が利用されたのに対して、なんらこれに参画することを許されなかった。

そこには、もちろん神仏分離、廃仏毀釈にはじまる徳川幕府御用宗教としての仏教への反動政策がそのおもな理由と考えられるが、すくなくとも「教育勅語」にも「軍人勅諭」にも、仏教思想はなんら表立って現われていない。とすれば仏教は神道や儒教とは別のコースをとって、これら国家権力にはすこしも随順することなく、深く民衆のこころに食い入ってその精神的支柱となり、宗教本来のつとめを立派になしとげてきたのであろうか。

表面的には、そのように見える。日本は仏教国であり、その大部分のひとは仏教信者であると外国人には思われている。しかし、実態はそうではない。それはあくまで家の信仰としてただ慣習的に天皇制のワク内で維持されてきたにすぎない。自己のよりどころとして自覚的に把握された宗教ではない。近代的自我にもとづく自覚的な信仰は――すなわち近代的な意味における宗教は、現在の日本人には存在しないといわれるゆえんである。

もともと日本仏教は、鎌倉期においてはじめて民衆の中に入り活発な運動を展開したが、ずっと時代がさがって徳川期にはいると、すっかり幕府の御用宗教化されて活動力を喪い、仏教本来の宗教的性格はいちじるしく、稀薄なものとなってしまった。

この問題は、さらに追求すればはたして日本仏教はその伝来の当初から仏教本来のもつ普遍的な宗教的性格を発揮していたかという、日本仏教における宗教性の問題へとそれは発展するわけであるが、少数のすぐれた祖師たち――「出家人の法は、国王に向かって礼拝せず、父母に向かって礼拝せず」といった親鸞聖人や、「寮中にては世間の事、名利の事、国土の治乱を談ずべからず」と説いた道元禅師――をのぞけば、ほとんどのものが時の政治権力に利用または支配されていたことはあきらかであり、ことに教団組織を形成するようになると、その維持発展のために必然的に権力への接近がくわだてられている。

とくに徳川時代においては、キリシタン対策のため幕府の手厚い保護をうけ、そと教勢は伸張したかにみえても、うち信仰的生命は逆に枯渇したかのごとき観を呈していたのである。

したがって明治維新となり、天皇制の精神的ささえとして神道や儒教などと共に、たとえ仏教がその企画に参加することをゆるされたとしても、そこに仏教本来の宗教的性格が純粋に発揮されたとはとうてい考えられまい。これは明治以後の、ひたすら天皇制護持のもとにあゆんだ仏教のすがたをみれば明らかである。

かくして、その結果は、すくなくとも明治以後の日本人には、仏教はあくまで天皇制のワク内のものであり、これを超えては考ええないものとなってしまった。仏教に対する宗教としての自由な追求はじじつ上断たれていたのである。

近代の日本の青年たちは、宗教の空白時代に育ったといわれるが、それはなにも唯物史観からの影響ばかりでなく、近代的自我にもとづいて自覚的に仏教を求めるという、宗教への正しい求め方が、国民信仰の大部分をしめる仏教に対しておこなわれていなかったことに、その大きな理由があるのではあるまいか。

もちろん、そこには国家仏教として発達した日本仏教の——さらに深くは、それはシナ仏教の国家的性格にもとづくのであるが——伝統的な性格によるものが根づよくのこっているのであって、一朝一夕にあらたまるものでないことはいうまでもないが、かりそめにも近代化をなしとげた日本人が近代人としての自覚にもとづいて仏教を求めなかったことは、きびしく指摘されなければならぬ重要な問題点である。

この点、少数のまじめなキリスト教信者たちが、かかる天皇制国家のもとで、いかに国家と信仰との板ばさみとなって悩み苦しんだかは周知のとおりである。西欧において、すでにキリスト教がこの問題について血を流している以上とうぜんのことである。しかし、やや近代的自我にめざめかけたキリスト教者たちの宗教への自覚も、あまりに強烈な天皇制国家の圧力のまえにその精神的権威をよく保つことができず、はげしく抵抗したひとたちもないわけではなかったが、大勢としてはついにこれに屈服したかのごとき結果とはなってしまった。

いわんや仏教のごとき、過去において一度も国家との対決をこころみなかった宗教は、国家と宗教とのあいだによこたわる本質的な相剋にすら気づかず、戦争となればあえてすすんで敵国降伏を唱え国家に協力した。

もっとも日本仏教が、明確に国家との対決を欠いていたという理由については、ただにその国家仏教的性格ばかりでなく、日本仏教のおかれた歴史的地理的諸条件がかえりみられなければならない。すなわち西欧におけるごとき、きびしい国家群の対立の中にもまれることなく、極東の一孤島にほとんど世界史から隔絶されてのんびり中世を送ったわが国の内部において、仏教が国家との対立意識を明確にもちえないことは、むしろとうぜんのことと考えられるからである。

しかし、近代以後においては、もはやそのようなことは許されないにもかかわらず、日本人はことさらに仏教とのまじめな対決をさけ、いたずらに過去の慣習的信仰に安易に身をまかせてきた。

そして、そのとうぜんの結果として、戦前の日本人においては、真に自主的におのれの思想信仰を主張する自信もまた内容もなく、すべての精神的権威をあげて天皇に帰し、そこになんらの疑問すらも挾まなかったという、人間精神にとって真に恥ずべき無自覚な生死観さえ抱くにいたったのである。これはもう仏教の包容性とか寛容性とかいう以前の問題である。

このような精神状況においては、たとえ仏教を求めたにしても、それは安易な自己慰安の範囲にとどまり、世界宗教としての人類への普遍性を自覚することなど思いもよらず、きわめて簡単に国家への殉忠とそれは一致するという矛盾を犯すことになるのである。

その端的な例をつぎにあげてみよう。

「遺書

一、皇国の弥栄を祈るのみ。

一、隊長としての責任をとり、至誠を以って御国に報ず。男子と生れて欣快此の上なし。

一、今は只生神、生仏の心を以て毎日を送っている。

一、只天国に参り日本再建の喜びを見るのみ。

一、南無阿弥陀仏の六字を唱へ吾が心の友として居る。

……………

天皇陛下万歳!

南無阿弥陀仏」（同書二一五頁）【三賀彦松氏。富山県出身。元海軍中尉。昭和二十三年九月九日。「バンジェルマシン」に於いて刑死。】

これはあまりに鮮かに、日本人の天皇と仏教との関係をしめしている。過去の日本仏教は、天皇陛下万歳と南無阿弥陀仏とを、いまわの際に、同時にそしてなんら矛盾の感情をいだかせることなく叫ばしめたのである。

また、このような国家への死と宗教的死との無自覚にして安易なる合体は、つぎのようにも示されている。

「判決を受けて以来、現在迄毎日皇室の御繁栄と国家再建の早からんこと並にお前達の幸福を祈りつつ死生一如の死生観に到達する如く毎日信仰の生活を続けて参りましたが、お蔭で死を前日に控えた今日何等平常と変わらぬ心境で此の最後の便りを書いて居ります」【笠間高雄氏。千葉県出身。元憲兵曹長。昭和二十四年三月一日。「クーパン」に於いて刑死。三十二歳】

このばあい、生死一如の死生観に到達するということは、とりもなおさず国家のために、ためらわずに死ねる心境になることを意味していたと思われる。かかる生死一如の死生観というものに、はたして本来の意味の宗教的意義を認めることができるであろうか。といって、このような天皇制国家を至高価値とする仏教的宗教観を、書いた本人はもちろんのこと、われわれ一般の日本人がごく自然にうけいれて、これになんら反省らしい反省をいまもってくわえない——ということは、どうしたことなのであろうか。

おなじような例を、もう一つ次にしめそう。

「今私は全生涯を大君と国家に捧げ得る悦びと嘗て御楯として召された時と同様の感激とを以て『人間の完成』に向かいつつある。……即ち『殉忠』以外に何物もない。強いて求むるなら『無』

の心境と申すより外にない。生死を超越した安らかな気持以外に何物も無いと云い度い。忠君愛国の至誠の根源は一立不変なり」（同書二九九頁）【癸生川清氏。栃木県出身。青年学校研究科卒業。元農業。元憲兵准尉。昭和二十二年十二月十六日。「ビルマ、ラングーン」に於いて刑死。三十歳】

これも同じような心境であろう。国家への滅私と宗教的「無」が、きわめて直線的に結びつけられている。宗教的追求といっても、それは宗教そのものへのそれではなくて、たんに国家のために立派に死ねるための方法手段にすぎないということになる。

天皇制にささえられた国家至上主義的死生観のまえには、仏教はたかだかこの程度の役目しか果していないことになる。まえの第二章でのべた、国家神道を背景とする死生観と、どれほどの逕庭があろうか。

したがって仏教そのものへの理解も浅く、ただ字面から感覚的にのみうけとるといったような結果になるのはいたしかたない。

そのような立場から禅語がいかに解されていたかの一例をしめそう。

「四大元無主　五陰本来空　以首臨白刃　猶如斬春風　含歯戴毛者　無愛生不怖死　死依生来吾苦不生因何有死　宜見其初生　知終死応啼生勿怖死

死（四）は悟（五）の下なり悟れば之悠々快々」（同書一五四頁）【畑田実氏。山梨県出身。元

海軍嘱託。昭和二十二年六月十九日。「マカッサル」に於いて銃殺刑。二十五歳】

筆者の、二十五歳という年齢からして、この難解ともみえる禅語をよく理解していたか疑問であるが、よし理解していたとしても、さいごに「死（四）は悟（五）の下なり」とオチをつけていることは、洒々落々たる禅境とみれば別だが、なにか痛ましいものを感ずるのは私ばかりであろうか。

次に禅学にいそしむ態度をみてみよう。

「怨ムラクハ死所ヲ得ザリシ一事ナリシモ、サリトテ如何トモナシ難ク国家ノ為武人トシテヤル限リハヤッタト思フ。……近来ハ禅学ニ面壁趺座ノ心境ヲ楽シミ、悟道ニ入ラント努メテ居ルモノノ、凡夫下根ノ身トシテ悟リ得タト言ッタ所デ悲シミハ更ニ取リ残サレテ居ル。十年二十年死ガ早カラウト遅カラウト問題デハナイ。夫レヨリハ何ノ為ニ死ンダカガ我々ニ取ッテハ一番大切ナ事デアル」（同書四六頁）【富田堯人氏。山口県出身。横須賀砲術学校高等科卒業。元海軍大尉。昭和二十二年七月二十六日。「広東」に於いて刑死。四十八歳】

おそらく生前に、かなり禅に関心のあったひとであろう。しかし前後の文よりあきらかなとおり、禅学をまなび坐禅をくんで悟道にはげむということは、国家のため恩恵の絆を断ちきって死ねる心境に到達することが目的だったのである。目的はあくまで国家への忠誠心であり、おのれの内面において死それ自身を深く解決するという立場は、すこしもとられていない。

禅が、このようなかたちで、明治以後の人間にも、たとえこの筆者が職業軍人であろうとうけとられていた——ということは、日本仏教における宗教性の限界をしめすものとして、重要な意味をふくんでいるのではなかろうか。これは歴史的にさかのぼれば、武士道と禅との関係に、そのとおい因由があるわけであるが——。

おなじような例を、さらにもう一つあげておこう。

「……人は何の為に生れたるかを深く考へて見よ。君に尽す為に生れたるなり。君に尽すをもって幸福と言い得べし。人間個人的貪欲は、生命欲、貪欲、性欲、財産欲等々無数の欲望あり、然れども是等欲望の一段上に立つべきものは君につくすことなり。故に何事を成すもこの中心目標を誤ることなく常にこれに照合し之に測定してみてまどはず一路突進すべく『莫妄想驀直前進汝自身を放棄し来れ』で進んで呉れ」(同書三二五頁)【江草忠義氏。岡山県出身。平川青年学校卒業。元公務員。元憲兵伍長。昭和二十一年十二月十七日。「マレー半島、ペナン」に於いて刑死。二十三歳】

これは、より端的な例であろう。「莫妄想驀直前進汝自身を放棄し来れ」とは、まさに天皇への自己放棄を意味していたのである。そして、禅語をこのように用いる態度は、当時の仏教界の指導者たちから、ひとしくすすめられていたことではなかったのか。

かくして、その結果は、つぎのごときわめて簡明直截な図式によって、禅的生死観と殉国との関係がしめされることになる。

「獄窓所感
七生報国　生＝死＝真＝実＝空」（同書三三九頁）【阿南三蘇男氏。大分県出身。陸軍士官学校卒業。元陸軍中佐。昭和二十一年九月十一日。「シンガポール、チャンギー」に於いて刑死。五十四歳】

筆者は、簡明直截をとうとぶ職業軍人であるが、国家至上主義的死生観と、なんらかの意味で個人的な仏教的生死観との、うたがいの影すらない明快単純な結合は、ここにきわまったかの観がある。

生死の絆を迷わず一刀両断する禅的生死観が、伝統的な武士道を背景として、職業軍人や一部の日本人をつよく支配していたことは事実であるが、戦犯刑死者のばあいも、上例のごとく多くその事例を見いだすことができる。

そして、その内容は、なんら自覚的に深く自己の生死の問題に沈潜するという傾向はみられず、たんに天皇、国家への殉死において本能的な死の恐怖をとりさるための手立てとしてのみ用いられた感が深い。

したがって戦犯刑死者たちの多くが、般若皆空とか、一切空とか、あるいは仏教的無常感などを書きしるしてはいるが、たいていは断片的、感覚的で、深く体験や思索にささえられた宗教的雰囲気のあるものは少ない。

「人は皆死にたくないが死んで行く。万象皆然り。一切空なりと仏は申す。神の業也、流転の世相を観ずれば生も死も――」（同書一七四頁）

といった、たぐいが多い。これはひごろ日本人がいかに仏教を受容しているかという点からみても興味深い。

禅とともに、あるいはそれ以上にわが国の仏教界に支配的な浄土思想も、いざとなるとそうとう根づよくこれら戦犯刑死者の遺書にあらわれてくる。

その端的にして単純な表現は、前掲の例にもあったごとく、臨終のとき無意識に「南無阿弥陀仏」を唱えることである。これはなにも、とくに浄土教信者であったと考えられない場合もありうるからおそらく識らず知らずのうちに日本人が、浄土思想にひたっていることをもの語るものといえよう。

しかし、それが、禅の場合とおなじように、感覚的、断片的であることにはかわりはない。その多くが「弥陀」とか「浄土」とか、「南無阿弥陀仏」とかを和歌におりこんで、抒情的にこれを表現していることからも、その間の消息はしられるであろう。

たとえば、つぎのような和歌をわれわれは遺書の中から数多くみつけだすことができる。

外国の裁きの庭に名をとめて
　我は行くなり弥陀の浄土へ（同書二六七頁）

南無阿弥陀仏からりと晴れて送るも
　いざ旅立たん涅槃の境へ（同書三八九頁）

すでに身は処刑待つ間は昨日今日

起居（たちゐ）を弥陀にまかす安けさ（同書四六三頁）

散りてゆく吾が身は更に不安なし
弥陀の御手に引かれ行く身は（同書四二六頁）

和歌にかぎりなき人生観を凝固せしめる日本人の特性もかえりみなければならぬが、情緒的表現を終止符とする宗教意識には、これからのひとは随《つ》いていけないとすれば、われわれも根本的な反省をくわえる必要があるのではあるまいか。

なお、浄土信仰に関して、つぎのような短い文が、散見されるのである。

「今ハ何事モ運命ト諦メ只阿弥陀様ニ凡テヲ委シテ居リマスカラ如何様ニナルトモ御心配ナキヨウ願ヒマス」（同書五四七頁）

「私は最早やこの世に思い残す何物もなく安心して清い気持で毎日阿弥陀様の御徳を慕い大安心でお救い下さるうれしさを喜んでいます」（同書五九〇頁）

「この世に於ける総ての希望を失った。唯未来の幸福を祈るため全身全霊の足下に馳せ参ずるの気持を養い、常に念仏を唱へ浄土への旅を待って居る」（同書六〇二頁）

「気持は決してあわてていません。南無阿弥陀仏となえつつ」（同書五三三頁）

「私ハ職務ニ倒レカノ天（クニ）デ弥陀ノ御慈悲ニスガル嬉シサ」（同書五六一頁）

このような断片的文章にこめられた弥陀帰依を、ひごろ培っていた信心の、さいごの帰結とみるべきか——そうみたいし、そうみるのが常識的であることは承知しているが——、あるいは、ひごろの宗教への無関心さからくる、限界状況における「とっさの安易な安心」とみるべきか、軽々しく判断することはできないけれども、他の連関した箇処からそれほど宗教的な雰囲気が感じられないとすれば、残念ながら後者のそれではなかったか——と考えざるをえないのである。

もっとも、このへんに日本人の宗教意識のボーダーラインをひきそれを肯定し、そこに安住するのなら、はなしは別であるが——。

そこで、これら断片的文章からでは十分その宗教意識の内容をうかがえないとする立場から、慎重を期して、禅と浄土について、僧侶としての教育を専門的にうけたひとたちの遺書を参考までにあげてみよう。

けだし一般の日本人は、仏教徒であっても仏教的素養のあるひとはめずらしい。仏教の教理を究めるわけでもなく、仏教の歴史を知ろうとするものでもない。ただ慢然と慣習的信仰のながれに身をまかせているようにみえる。このような仏教への無教養無関心が、あるいは安易な直線的な仏教のうけとりかたを生む最大の原因とも考えられるからである。

清水辰夫氏は、岩手県出身、駒沢大学中退、元僧侶、元憲兵曹長、昭和二十四年四月九日「グロドッグ」に於いて刑死、三十二歳。氏の遺書は、片仮名で書かれたかなり大部のものであったらしいが、すくなくともこの『世紀の遺書』に収録されているかぎりのものには、宗教に関する記事はほとんどみあたらない。死の恐怖について、つぎのごとく認めている。

「死ノ恐怖ハ全然ナク、只愛着心ガ起ルノミデアル。銃口ノ前ニタチタル其ノ心理状態ハ未ダハッキリシタモノガナイガ、恐ラク死ノ恐怖カラ来ル悩ミハナイト思フ。二日間死ヲ延期シテモラッタガ死ニ対スル恐怖観念デハナク愛執ノ観念デアッタノデアル」(同書一二九頁)

徹しているとはいうものの、常人とあまりかわるところはないように思われる。これは氏が、すでに僧侶をやめて軍籍に投じたことによるのであろうか。

しかし、さすがに遺書のさいごには

「イヨイヨ明日ハ永遠にカエラヌ日デアル。総テノモノガ一切無ニナル日デアル。光陰ハ矢ノ如ク過ギテ行ク。イタズラニ露命ヲ無常ノ風ニ残スコト勿レ。今其ノ意味ガハッキリシテ来タ。終リ」(同書一三〇頁)

と記している。これはいうまでもなく『修証義』の一節からとったものと思われる。やはり、あらそえないところであろうか。

しかし、これ以外に仏教教育をうけた思考も字句も、この遺書にあらわれている限りみあたらない。これは、いささか淋しい感じがする。氏に関するかぎり仏教について全然しらなかったとは、考えられないからである。

もっとも日本仏教における既成教団が、すでに宗教的生命力を喪っている以上、僧侶たちにするどい宗教的良心を求めること自体ナンセンスである——ときびしくきめつけられるのなら別だが。禅宗元僧侶の遺書を出したから、これと対照的に浄土真宗関係のそれをあげてみよう。

徳永正友氏は、福岡県出身、大谷大学卒業、元憲兵大尉、昭和二十三年九月八日「マニラ」に於いて刑死、二十九歳。

「遺書

吾々が外部から離れて生活していると常に精神的な事項に就いて考える様になる。そして死後の問題に就いて、同室者と共に考える様になる。釈尊は死後の霊の問題に就いて別に何とも申されなかった。死そのものは別に取るに足らない。即ち苦悩とならない。悟の境地に入る事が仏教の問題となる様になった。諸行無常諸法無我である。然し因果論及び業理論から行くと、この世界も因果の法によって進んでいる事は事実にして又自分の根本意志が原因となって次の果を生んでいる。

今吾がこの世に生を享けた事も偶然ではなく過去の業によって生きて来た事になる。ここに動もすると運命論になる惧れがあるがここに真理の光がある。仏の慈悲を受けることによって運命を切り開いて行く輝かしい光明の生活が新たに生まれて来る。茲に使命観というか、運命観となり易い吾々の生活に光ある信仰が出て来る。仏教に於ても因果律を説くと共にそこに仏の救済の大慈悲に目覚める処に根本問題があると思う」(同書六一九頁)

これは、前出の諸例と、たいへんことなる内容をもっている。仏教教理のやや本格的な理解が、間違わずしめされているからである。仏教の大学にまなんだ以上とうぜんであるといえばそれまでだが、仏教教理を理解した数すくない遺書のひとつであることは指摘されてよい。

そして徳永氏は、このような理解にもとづいて自己の浄土真宗の信仰を展開している。

「信仰生活とはこの光明ある一日一日を新しく生きてゆく処にあると信ず。そこに別世界が生れてこの世界に安住してゆくことになる。……真宗の極楽浄土の世界も帰する処真実の世界と思う。……唯仏の大慈悲に救済せられた、即ち心眼を用いて信ずる者のみが知る又往く所のもので正しく見えざるも信ぜざるを得ない世界である。故に常識では判断出来ない。若し判断しようとすれば無限とか空とかしかいえない。では何もないかというとそうではなく仏の慈悲に救済される者には真理の御手によって往相、還相の廻向の自然性真理性に従って往く事も真理である。そして心から三帰依文を有難く拝読されるのである」

その信仰生活をみると

「吾未だ若し、生き永らえたならば何時までも生き抜く意志を持つ。唯総べてを仏天、吾が親なる阿弥陀仏の御手に任してあるのみ。……唯仏の生命たる念仏の中を喜び勇んで歩くのみ。……然し吾には反省すべき幾多の点あり、人間として仏弟子として。然し今や仏天の御手により人間として仏の弟子として何等悔なし。裁判、独房。又人生の総べてを通じて唯仏の願船の中に生きて来、又将来を生きるのみなり。……唯仏の御手により裁判中も独房にて、自分の生涯を通じて念仏道を歩かせて頂きたる事を謝す……」

おそらく徳永氏のごときは、この遺書から判断するかぎり、仏教教理を理解しながら弥陀信仰ひとすじに生きた、いうなれば日本仏教における信者としては申し分ないひとがらということができるであろう。戦前の日本仏教の立場からも、これでよいといわれるかもしれない。仏教に対する理解も、その信仰態度も、あえて非難すべきところはないのであるから――。

しかし、ここに問題がないわけではない。このように仏教信者としては申し分なくとも、氏は自己のかかる信仰生活と

「特に最後の武人として敗戦により、武人としての責任を負って唯潔く笑って死する処は自分にとって確かに最逆境ではあったが……」

と書きしるすこの遺書の他の部分との関係を、すこしも追求していないからである。すなわち氏は、かつて軍籍に投じて国家のためとはいえ殺戮に従事し、その結果として死にいたったのであるのに、そのことを現在の念仏ひとすじの信仰生活や仏教教理との関係がいったいどうつながりがあるのか、すこしもふれていない。いな両者の関係にうたがいの眼すら投げかけていない。そして、現在のわれわれすら、かかる信仰形態をうべなう心情はつよいとすれば、これは、いったいどうしたことなのであろう。ここに先ほどからのべてきた日本宗教の、とりかえしのつかぬ欠陥があるように思われる。

ここまで追求すると、仏教に対して素養があったとか、理解があったとか、なかったとかということは、たいした問題ではなくなってしまうのである。なにか仏教把握に対する態度において、根本的なあやまりが潜んでいたというほかはないのである。

宗教それ自身をおおきな人間性の立場にたって純粋に追求するという真の求道精神がなく、あくまで天皇制国家のワク内で、せまい意味の自己安心にのみ堕した結果が、たとえまじめに仏教を求めたにしても結局は、上例のごとく両者の矛盾的関係を追求せざることとなったのではあるまいか。

このような求法の態度をとるかぎり、仏教を通じて己を普遍的な宗教的立場へと昇華せしめることは、まったく不可能であろう。

宗教としての日本仏教の限界をこれほどハッキリとしめす例は、ほかにそうないと思われる。

かくして、天皇制的繋縛を断ち切って、真に自由な宗教的人間として宗教的に生きようとする態度は、こと仏教的方面の遺書に関するかぎり、ほとんど見出すことはできないのである。

この問題は、復員した私にとって、最初に当面した切実な問題であったことは、まえにのべた。自己の属する宗教宗派の信仰と、天皇・国家との関係を、いったいどのように解釈したならば、自己のあゆんだみちが納得されるのか。この論攷の発点は、じつにここにあったのである。

私は、前掲の丸山真男氏の著書や、大熊信行氏の「国家悪」などをとおして、しだいに国家と宗教との関係を追求してゆくこととなったのである。この過程において『世紀の遺書』にぶつかったわけだ。

と同時に、私自身の人間形成そのものが、きびしく反省せしめられたことはいうまでもない。かくして私の青年期の人間形成に決定的な影響をあたえた恩師故衛藤即応博士（元駒大総長）の、出陣学徒壮行の辞を、問題をもとにもどす意味において再吟味したのはいうまでもなかろう。

すなわち昭和十八年十月十五日当時駒沢の仏教学部長であった衛藤博士は、出陣学徒壮会の席上、つぎのごとき壮行の辞を、祖国の難におもむく学生たちにあたえている。

「来るべき日が来たのであるといえば、それに相違ないのであるが、さて今日ただいま、ここに諸君を戦陣に送るべく相対して立ってみると、送る者と送られる者と、以心伝心、感慨無量なるをおぼゆるのである。……諸君もわたくしも小学校に入学の日から今日まで、日本教育の根本精神をばお示しになった教育勅語を奉読し、学業をつづけてきたのである。何のための学問か、何のための教育か。

勅語には

父母に孝に　兄弟に友に　夫婦相和し　朋友相信じ　恭倹己を持し　博愛衆に及ぼし

とあり

国憲を重んじ　国法に遵う

とあります。

要するに立派な日本国民となることである。かく信じ、かく承ってきたのである。……この危急存亡の秋に、いままで気づかずに拝誦していた勅語の次のお言葉が、つよく思い出されなければならぬ。すなわち一旦緩急あれば義勇公に奉じ、以て天壌無窮の皇運を扶翼すべしというお言葉である。

諸君、剣をとって起て

それが御勅語の精神にそい奉るゆえんである

「出陣にのぞんで諸君にいいたいことは『覚悟はよいか』ということである。……長いあいだ諸君を苦しめていまなお入門位であるほどの甚深なる仏教は何を教うるか。結局は覚悟の二字にほかならぬ。釈尊の菩提樹下の成道が仏教の大本であるから覚悟をほかにして仏教はない。仏教でむづかしいのは覚悟がむづかしいからである。……なにくそと思いきって泥田にとびこむ青年の血気は、真の覚悟ではない。人間は、毒を喰えば皿までというやけくその覚悟はできるが、釈尊の大覚成道は、決してやけくそに覚ったのではない。……諸君に〝ペンを捨てて銃を執れ〟とは、国家の至上命令であり、諸君は明日から、前線に奮闘せねばならぬのであるが、国法に則った覚悟ができているだけでは、道元禅師の流れを汲む仏法者の覚悟ではない……。

国法にしばられた覚悟、それは道元禅師のお言葉でいえば、強為の覚悟である。真の覚悟は他より強いられたものではない。覚といい、悟といい、内から湧き出ずる自然の力でなければならぬ。止むにやまれぬ大和魂の力でなければならぬ。道元禅師は、それを行為の覚悟という。法のおのずからなる力として、自然に湧きいずる力という意味である。……その根源的生命の力、それは諸君の只管打坐が教えたはずである。覚悟とは単なる決心ではない。真実の自己に覚醒して生きぬく、根源的生命の力である」

周囲が戦争の狂乱と化しているただ中で、国家の至上命令で死ぬ強為の覚悟では不十分であるといいきり、そこに宗祖の云う覚悟を強調するという態度は、あの当時としてはかなりの勇気が必要であったと思う。が、はなはだ宗教的であるその無為の覚悟の内容がいつのまにか止むにやまれぬ大和魂にすりかえられているのに、いまにして思えば気づくのである。宗教的な生死の覚悟が、なぜ国家的忠誠死へと必然的につらなっていかねばならぬのか。それは説明されていない。

いな説明する必要はなかったのである。なんとなれば、それは征く者、送る者、両者にとって自明のことがらであったから――。したがって、言う方も聴く方も、なんら矛盾の感情を抱くことなく、すなおに言いかつ聴いたことであろう。衛藤博士の主宰した道憲寮の寮生として、身近かに博士に師事していた私は、出戦をまえにして何回となく自己の安心について博士にただしたことがなつかしく想い出される。そして、その大要が以上のべたような筋道であることはいうまでもない。

(この衛藤博士の出陣学徒への壮行の辞は、前年の十七年九月くりあげ卒業で入隊していた私は、直接聞いてはいない。さいわい博士の著書『信仰の帰趨』の中に、その全文が収録されているので要点を抜萃し、客観的資料としてそれによったわけである。どうして収録されたのか、おそらくこの書の編集の労をとった川妻裕尚氏が、出陣学徒のひとりであるところから、忘れがたく入れたものと思われる。いまでは当時をしる貴重な資料といえよう。川妻氏に感謝する次第である。と同時に、仏教各大学におけるこの種の資料を蒐集整理しておく必要があるのではあるまいか。過去を責め、優劣を論ずるためではない。そのような時期は、もう過ぎたのだ。いまはその含まれている矛盾をしずかに解きあかし、明日の仏教へのあゆみに役立てるのみである）

この壮行の辞にしめされた教育勅語うんぬんが、明治以来天皇制国家のワク内であゆんできた日本仏教のすがたを、あまりにも明瞭にしめしていることは、もう説明の要はあるまい。われわれは、いまさらのごとくそこに、明治に生まれ生きぬいたひとたちの、明治的な世界観の尊い限界を感ずるのである。と同時に、このような雰囲気の中で、国家と宗教の真の矛盾も感ずることなく、ぬくぬくと育てられた自己の人間像が、痛苦な悔恨をともなってかえりみられる。このことについては、昭和三十五年五月「駒沢大学新聞」に「戦中世代の人間形成とその戦争体験」と題し、やや詳しく論じたつもりである。

さて、ここには宗教と国家との関係というむずかしい問題がよこたわっている。現在では、政治的に宗教が国家と対立するのは過去のものとなり、しだいに国家のワク内に生きる個人の良心の問題となりつつある。

しかし、宗教をただ国家のワク内に生きる個人の良心の問題としても、仏教信仰に真に生きるものであったならば、その立場からの国家批判が必ずやひとたびはおこなわれてよかったはずである。自己のさいごの拠りどころである宗教的信仰を、単純に無批判に国家目的と一致させることは、はなはだ危険である。自己の奉ずる宗教的信仰の立場から、きびしく国家の在り方を批判する態度がなければならぬ。そうでなければ、仏教者は自己の人間的権威をいかして保つことができよう。

なるほど過去の日本仏教にはぬぐいきれぬ国家的性格があったにしても、仏教それ自身には世界宗教にふさわしい普遍性があるのであるから、求め方と導き方さえ正しかったならば、かならずこれに応えてくれたであろうことは想像にかたくない。

しかるに、日本仏教の諸教団は権勢に追従する過去の伝統を発揮してたくみに天皇制国家にとり入ってその存続をはかり、ついに個人の内にきびしい宗教的信念を植えつけることを怠るとともに、国家を超えて世界宗教の普遍性へと自己を昇華せしめる眼をとざしてしまった。

この結果は、どうであろうか。死にのぞんでもなんら人間としてきびしい宗教的反省をもたず、ひたすら現世的権威にすぎない天皇によりかかって自己のすべてを解決するという、安易な生死観を日本人に抱かせることになってしまった。

もっと一般の人びとに、日ごろから天皇や国家を超えてより生命の尊いこと、人間の根源的な罪の深さや普遍的な人類への慈悲をためらわず説く宗教が実在していたとしたら、天皇の名においておこなわれたこんどの戦争中の数々の反ヒューマニスティックな行為は、大半はなかったであろうといわれる。

その意味で、日本仏教もこの辺で、戦犯刑死者たちの過誤をふたたびくり返すことなく、宗教本来の立場をしっかり自覚しなおすときではあるまいか。

いま、そのような徴候は、すでに戦犯刑死者たちの遺書の中から過去のおのれの信仰の無自覚性への痛刻な反省をとおして、すでにあらわれてきている。私はそこに戦後に生きる日本人の宗教信仰の出発する新しい基盤をみいだすものである。

第四章　キリスト教入信者たちの生死観

戦前の日本では、日ごろからのキリスト教信者は数すくない。

したがって、戦犯刑死者たちの中で、キリスト教的信仰告白をなしているものは、囚われてから獄中生活で、教誨の牧師などによって与えられたものが多い。ながい間のキリスト教信仰を表明した遺書は、見あたらない。

そこで、たとえみじかい期間の信仰であれ、キリスト教へと志向した刑死者たちの信仰態度に、なにか仏教や神道などのそれと、ちがった面を見いだしえないであろうか。以下それらを考察してみよう。

「運命に斃れ運命に生きることとこそ現実の人の世の常にして、凡てを運命にまかして自分の前進を開拓して行く外に道はありません。然れども努力の結果漸くにして最近信仰に身を投じ得て、今では生命を凡ての力をこれに托し真に人生たるの道を学びつつ努力致しております」【田島信雄氏。熊本県出身。元憲兵曹長。昭和二十三年四月二十日。「上海」に於いて銃殺刑。三十歳】

これは、戦争という国家によってあたえられた不可避的な運命をそのまま自己に甘受して、そこに信仰への道をあゆみ出そうとしたひとのことばである。戦争が起これば、どうにもならない個人の運命とその無力感を、個人の内面的信仰によってささえようとするすがたである。

すくなくとも戦前における日本人にとっては、戦犯として処刑されることは、一部の意識的にこれを犯したものをのぞいて、ひとつの避けることのできない運命のようにも思えた。

最高善であり最高価値であると信じられていた日本国家そのものの中にふくまれている、もろもろの悪を自覚しないかぎり、自己の行為はすべてその最高価値たる国家へと奉任されていたのであるから、それゆえに犯した戦争犯罪はいわゆる罪とは自覚されず、いちずに国家的犠牲——自然の力にも比すべきどうしようもない運命——としてうけとられたのはとうぜんのことである。ことに無意識のうちに犯した下級戦犯のばあいは、そうであったろうと推察される。

すると、かれらの求めた宗教的信仰とは、いったいなんであったのだろうか。それが国家とか民族とかの罪悪への疑念をすっかりたなあげした、きわめてせまい意味の個人救済にかぎられてくるのはキリスト教のばあいも仏教のばあい——前章でのべた——とまったく同様である。

「『須く人間は極地に至りて始めて道を知る』と古人の言葉に現われておりますが、自分も現在の境地を思いこの言葉が痛切に感じられました。自分も現在のこの境地が自分をして真に人たるの道を教えつつあるのだと思います。そして異国の煉獄に呻吟し而も死という問題を目前に控えての生活に於てもなお充分人間として幸福感を味うことの出来るという境地こそ、即ち信仰の力でなくて何でありましょう」

と田島氏は、つづいて書きしるしている。一見すると、限界状況から宗教的自覚へのプロセスを踏みだしているかにみえる。しかしこのキリスト教信仰が、どのようなかたちをとったかは、つぎにみるがごとくである。

「午後二時より仏人宣教師聖ポーロ神父に依り洗礼を受く。

自分が初めて宗教の真髄を知り只管《ひたすら》信仰に生きるの喜びに燃え生命の力を托して精進して早や一カ月は過ぎる。

自分としては自分の死の問題を解決し又真に人たるの道を教える、而も人間最高の幸福感を与えて呉れるものはこの信仰キリストの御蔭に外ならず。自分もこの道に身を投じ得て以来一日も早く真の信者としての義務と資格を得たいと、今日あるを待ちつつ血みどろの努力をして来たのである。

然し本日その甲斐あって洗礼の運びと成ったのである。――中略――

本日より自分は真のクリスチャンとしての生活の第一歩が始まる。

嗚呼記念すべき三月二十二日よ」

田島氏の信仰は、かくのごとく熱烈であり、真摯なものであったと思われる。しこうして真のクリスチャンとしての第一歩を踏みだした氏の宗教生活は、その後どのような経過をたどったであろうか

「三月三十日　火曜日　晴

本日氏名不詳の漢奸一名刑執行ありたる由なり。――中略――

何百名かの漢奸こそ吾々戦犯と同じ境遇なのだ。戦時中日本軍に協力し或は日本軍の為に働いた中国人が日本の敗戦により囚徒となり漢奸の汚名を負い現在苦しい煉獄生活をして居るのである。

我々戦犯は国敗れてその犠牲となるも国家という大きな背景があるが、漢奸には何もその点がないだけでも淋しいものであろう」

日本軍のためにはたらいて処刑される漢奸といわれるひとたちに温かい同情の眼をそそいでいる心情は、氏のようやく目覚めかけた信仰者としての面目がうかがえる。

じっさい、これらの遺書の中には、状況にもよろうが、肉親へのかぎりない愛情をしめすものはあっても、他国人への同情をすなおに告白したものなどはすくないのである。といっても氏の死生観の奥底には、依然として「国家という大きな背景」が、ささえとなっていることに、ひとは気づくであろう。

すると、氏が、クリスチャンとなって洗礼をうけ死のやすらぎをうるということと、国家を背景として従容として犠牲死することとは、その内面でどのような相剋をひきおこしたであろうか。田島氏は、これを語っていない。それは前章における仏教のばあいの徳永氏の遺書と同様である。語りえない精神構造であったと考えられる。

ただ、おなじく四月八日、処刑のため刑場におもむく戦友二人の「海ゆかば」を高唱するをみて、

「海ゆかばを高らかに唱え刑場に最後を飾る若桜二ツ」

と詠い、その冥福を祈っている。そして、四月十二日の日記には

「昨日遂に自分の最後の日の訪れを夢に見た。――中略――自分を鞭って此の気持を一刻も早く払拭すべく努力しておる。只其の手段としては信仰によるほかに道はなく、そして凡てを神天主に捧げ尽すことに努力致しておる」

と、したためている。私は、田島氏のこのような限界境位において求めたキリスト教信仰の真実性を、たとえ期間はみじかいものであっても、うたがうものではない。それは純粋に神への救済を求められたものであろう。

しかし、それによって得られたこころのやすらぎは、たんに国家のために立派なさいごがとげられるというためのもの――だけであってはならない。氏みずからいうごとく「自分としては自分の死の問題を解決し又真に人たるの道を教える、而も人間最高の幸福感を与えて呉れる」ものへの帰信でなければならないはずのものである。

しかるに、われわれは不幸にして、四月十七日のつぎの日記に接する。

「本日は吾々が親として仰ぎ且つ崇拝している神父が自分の子弟である震旦大学徐滙中学の生徒

約四五十名を連れて慰問旁々視察に来る。実に立派な学生である。今日まで我々と幾度となく接した視察団は吾々日本人に対する無言の裡にも少からぬ軽蔑の眼を向けたものであった。然るに本日の視察団は男も女も未だ二十前後の青年であるが、吾々に対して実に同情の眼を以て本当に可愛想だという気持を持っているのが、吾々はその態度でありありと窺われる。我々としては絶対に悪い感じはせず心の中では感謝すると共に自分達の気持を伝えてやりたい様な気がする。即ち君達の同情される気持には感謝の意を捧げる。そして自分達も何も自分の罪でなく敗戦祖国の罪を此の身に負って今此の苦境に耐えているのだ。日本そして国民の犠牲として喜んでこの苦しみを耐え忍ぶ力は神から吾々に与えていて呉れるのである。この儘斃れても何の未練もなく神の御手に救われて天国に行く事を祈っている、と」

神が「日本そして国民の犠牲として喜んでこの苦しみを耐え忍ぶ力」を与えてくれるという心底には、せっぱ詰ったものが感じられるが、しかし、キリスト教における神が、はたして当時日本のおこなった行為を、全面的に容認しうるものなのか、氏は疑念すらももっていない。

神は絶対的な愛の持主である以上、信ずるものにはすべては許されるのであろうが、許されるとすれば、いかなる懺悔が必要でありいかなる贖罪が購われるのであろうか。個人としても、また国家としても。この点田島氏は、ちっとも気づかなかったようである。

そこには、キリスト教に目覚めかけたがゆえに背負わねばならぬ人間の罪の意識への苦悩などは、まったく影をひそめている。天皇人間宣言によって喪われた神の概念を、逆にキリストに求めたかのごとき観さえ呈している。要は、ただ国家への忠誠死をなんらかの意味でささえるにたる神を、求めていたのではあるまいか。

したがって最後に

「自分という者が現在此処にいるのであるが、之は決して自分個人の身体ではないのである。即ち日本人という民族の代表として、又日本国家を代表している。吾々の一挙一動は自分個人として周囲の中国人に反映するのでなく日本人として反映するのである」

として、キリスト者としての死よりも、むしろ日本人らしい死にかたを切にもとめているのは、そのとうぜんの帰結であろう。

そこには、敗戦により天皇崇拝がゆらぎ、生の安定感がうしなわれたとき死の宣告をうけた戦犯刑死者たちの、その窮状打開の一策として宗教にすがりゆく新しい再適応のすがたがみてとれる。ことに神格化された天皇から神（ゴッド）への権威のうつりゆきは、このような精神構造の持主にとっては、きわめて自然な意識のながれであったろうと考えられる。危機的状況への再適応という宗教学でいわれる宗教的回心の一適例を、そこにみるような気さえするのである。

とはいえ、天皇、国家の重圧におし潰されて、個人としてはなんら自主的、主体的に宗教を考えることをしなかった田島氏としては、せっかくキリスト教の洗礼をうけたにもかかわらず、あまりに強烈な国家意識に邪魔されて、ついに普遍的な世界宗教への開眼をそこからひき出すことはできなかったようである。

このようなかたちで宗教を求める精神構造に、そもそもの無理があるといえばそれまでであるが、くりかえしいうようにこれが天皇に究極の精神的支柱を求めた戦前の日本人の、ひとしく陥った宗教追求の態度であった。

逆にいえば　天皇崇拝のゆらぎかたの程度によって、かえって真の信仰への開眼の度合いがきまってくる――ともいえるのである。それは戦中派特有の信仰へのプロセス――とのみいえないであろうが、かれらが戦犯刑死者として、この苦難のみちをあゆんだという尊いじじつは、わが国の精神史上みのがしてはならぬ重要なことのように思われる。

つぎの大庭早志氏の「暗黒の世界」と題する遺書は、戦犯刑死者たちが、第一章でのべた国家至上主義的死生観の立場から、いかにキリスト教をうけ容れ、かつ拒否したかの、きわめてあざやかな一例である。

「三月十五日

――運命ダ、運命ダ、総テハ運命デアル。死ガ恐ロシイノデナイノダ。自分ノ後ニハ神様ガツイテ居ラレル。死ヲ前ニシテ人間ノ進ムベキ道ニ這入ルコトハ第一ノ要件デハアルマイカ。死ダ。死ダ。総テハ死ヲ目標ニ準備スレバ何モ問題ハナイノデアル。今日ハ何ヲヤッテモ仕事ガ手ニ付

カヌ。又淋シサヲ感ズルノミダ」【大庭早志氏。福岡県出身。元憲兵曹長。昭和二十三年四月八日。「上海」に於いて刑死】

死をまえにしてキリスト教にはいった大庭氏の信仰に、つぎにみるごとく、せっぱ詰まった情勢が感じられるのは、前出の田島氏と同様である。それはひとすじに熱烈なものであったであろうと想察される。

このような特異な限界境位においては、宗教によって心身の安定感を合理的にうることは不可能であろうから、たぶんに感情的、情緒的になってゆくのは、いたしかたのないことかもしれない。

「三月十八日　木曜日　晴雲
今日ハ彼岸ノ入リダ。入獄以来自分ノ命日ト決メテ居タノガ昨日カ今日デアル。昨夜呼出ヲ受ケタ夢ヲ見タガ執行ハサレナカッタ。現在夢ガ奇妙ニ当ル。朝起キルト神ニ禱リヲ捧ゲタ。今日ハ特ニ痛切ナ禱リデアッタ。覚悟ハ出来テ居ルガ矢張リ死ニ度クナイ」

「三月二十一日　日曜日　晴天
何ヲ考エテモ判ラナイ。判ラナイケレドモ気持ハタダ非常ニ淋シイ。死ヲ忘レテ居ル時ハ生モ忘レテ居ル。不思議ナモノダ。殺サレテ死ヌ。之ハ神ノ恵ミガナイノデハナク神ガ自分ヲ引ッパッテ下サルノダト思ヘバ有難イ。又本望デアル。人間ハ死ヌ時ニ幸福ト感謝ト言フモノガ本当ニ味ヘルモノダ」

このまま氏の信仰がすすんでいったならば、おそらくせまい個人救済の範囲であるにしても、ひとつの宗教的平穏に落ち着くことはできたであろうと思われる。

しかるにつぎの三月二十八日の日記をみると、彼の死はキリストへのそれではなく、あくまで国のために捧げられていることを、われわれは見いだすのである。

「国ノ為、自身ノ為ト言ッテモ死刑ハ余リ良イモノデハナイ。死ヌナラヤハリ戦場デ死ヌカ自然ニ死ヌノガ一番良イ」

ところが、三月三十日の日記には、これに反して神へのすなおな随順がとかれている。

「ドウセ殺スナラ早ク殺シテ呉レ。助ケルノナラ早ク助ケテ呉レ。此ノ苦シイ気持ヲ突破シナケレバナラナイノデアル。

今ハ神ニ頼ルヨリ他ニ道ハナイ。神キリストノ教を受ク。……我ハ全ク死ニ当ルモノトシテ自ラヲ見出ス他ハナイ。『キリスト』ノ宣告ヲ白刃ヨリモ鋭イ神ノ言トシテ聴クモノデアル。神ノ与ヘタ死ト思ヘバ安心立命ノ出来ルコトヲ見出スヨリ他ニ道ハナイ。希クハ天ノ神ヨ。我ノ希望ヲ受ケ入レ給ヘ。一日ノ苦労ハ一日デ足レリト神ノ教ヘアリ。明日ノコトヲ思イ悩ムナト神ノ誡メアリ。神ヘノ服従トハ今コノ与ヘラレタ労苦ヲ天ノ命令トシテ負ハントスルコトナノデアル」

このように、すべては神の与え給うた運命と信受して、すなおに死につこうとする気持と、反面あくまで国家の犠牲となって死ぬのだという気持、この二つは、大庭氏の内面で、はげしくからみあっていたようである。

上掲のいくつかの日記の断片はあきらかにこれをもの語っている。そして、この両方の気持とも、ともに真実であったと私には思えるのである。

ただ両者の対立を徹底的につきつめてゆくすべての余裕がない現在、氏の内面で両者は平行したままですすみ、ついには、やはり国家のために犠牲となるという国家至上主義的死生観が、すべてにうち克ってしまう。その結果は、逆にキリストの教えを拒絶するにいたるのである。

「三月三十一日　水曜日　曇天

今日マデヨク生命ガ続イテ来タモノト思フ。考ヘレバ考ヘル程人間ト言フモノハツマラヌモノデアルコトガ判ッタ。

『キリスト』ハ次ノ言葉ヲ教ヘテイル。

汝等ノ仇ヲ愛シ汝等ヲ責ムル者ノ為ニ祈レト。愛トハ他人ノウチニ根拠ヲ持ツモノデアリ得ナイ。若シ他ガ己ヲ愛スルガ故ニ他ヲ愛シ他ガ己ニ無関心デアルカラ之ニ無関心デアリ、己ヲ憎ムカラ他ヲ憎ムノデアルナラバソレコソカノ「目ニハ目、歯ニハ歯ヲ」ニホカナラヌノデハナイカ。……ソレハ仇ヲ愛シ己ヲ責ムル者ヲ愛スルノ愛デアル。我々ガ愛ナキ己ヲ愛ノ仮面ニ隠サントスル時、主『イエス』ノ苛責ナキ御言葉ガ来ル。『汝等ヲ責ムル者ノ為ニ祈レ』ト。ココデ我々ハ一切ノ口実ト弁解ヲ奪イ去ラレル。……仇ヲ愛スル愛、コレハ斯ク軽々ニ口ニノホセ得ル程容易ナ事デアロウカ。仇ヲ愛スルハ愚カ我々ハ己ヲ愛する者ニサヘモ背イテイルノデハナイカ。更ニ我々ヲ極ミニ至ル迄愛シ給ウ至高者ノ至上ノ愛ニ対シテサヘモ背キツツアル己レヲ見出シテ愕然トセザルヲ得ナイ」

キリストの「汝等ヲ責ムル者ノ為ニ祈レ」ということばは、はげしく氏の内面をゆりうごかしたようであるが、宗教的な絶対愛にまで到達するには、国家を超え、民族を越えて、さらにいくたの忍苦にみてる信仰体験をへなければならぬ。

しかるにその余裕のないまま、あくまで戦争裁判の不合理を信じて疑わない氏に、このキリストのことばが、なんとも納得できないものとなるのはとうぜんである。

前出に引きつづく次の一節は、このことを証してあまりあるものといえよう。

「然シ『汝等ノ仇ヲ愛セヨ』ト言ウ句ハ良ク判ルガ自分等ノ現在ノ心境ニ於テハ只国ノ為ノ犠牲者トシテ諦メテイルニ過ギズ」

国家のために死ぬことになんら疑念をもたず、その犠牲になろうと諦観している大庭氏にとっては神にすがって心のよりどころを求めたとしても、しょせん「汝等ノ仇ヲ愛セヨ」ということばは、うけ容れられようはなかったのである。

自己の死の意義を、あくまで国家への犠牲、天皇への忠誠死におく以上、死それ自身の意味も、したがって愛それ自身の意味も、天皇、国家を超えて深く普遍的なたちばから掘りさげられることはありえない。天皇、国家にすべての精神的支柱をもとめてしまうと、結局、人間は、この範囲にとどまって、深く宗教的世界に踏みこんでゆくことが不可能な精神構造となる。求める対象が、仏教であっても、キリスト教であっても、かかる精神構造にたつ以上、たいしたかわりはない。

明治このかた、天皇制国家のもとで、表面的には信教の自由が許されているというものの、実質的にはすこしも信教の自由はありえなかった日本人の、普遍的な世界宗教にむかう場合のひとつの限界が、またここでも示されているのである。

すなわち氏は、つづけていう。

「個人的ニ之ヲ考ヘル時ハ証人ハ勿論、軍事法廷ノ審判長、軍法官検察官ハ総テ之ヲ恨ムベキデアル。自分ガ現在死ヲ目前ニシテイクラ神ノ道ニ這入ッタトシテモ自分ヲ罪ニ陥レタ彼等ニ対シドウモ有難ウ御座イマシタト言ッテ感謝スル様ナ馬鹿者ハ誰一人トシテ居ナイデアロウ。『汝ノ仇ヲ愛セヨ』ト言ウコトハ死刑囚ニハ通用出来ナイモノデアル」

ついに氏は、さっさと「汝ノ仇ヲ愛セヨ」ということばを返上してしまって、ようやく目覚めかけたキリストへの信仰を、みじんにもうちくだいてしまうのである。

天皇や国家に精神的支柱をもとめるということから解放されないかぎり、いかに普遍的な人間性にもとづく世界宗教をうけ容れることが不可能であるか——逆にいえば、いかに天皇・国家の精神的束縛が、個人に自主的な宗教への志向をさまたげていたか——を、大庭氏のばあいも、キリスト教との相剋をとおして、あきらかに窺うことができるのである。

このような精神基盤から、キリスト教をさらに求めたばあい、そこに多くの誤解や、ときにははなはだしい曲解さえ生じてくることは、容易に察しられる。

つぎの大場氏の例は、そのひとつとして、とりあげうるように思う。

「父が不幸にも処刑されるに至った根本原因は『敗戦』の二字に尽きる。事案の内容は関係記録を閲読せば略々判明せん。但し部下の言を飽迄も深く信ずる父には其真相は不明なり。父は唯『一人の不従順に依り多くの人義とせらるるなり』『たとひ義のため苦しめらるることありとも汝等幸福なり』『一粒の麦地に落ちて死なずば唯一つにて在らん、若し死なば多くの果を結ぶべし』『人その友のために己の生命を棄つる之より大なる愛はなし』との神の御意に従ったのみである。イエス・キリストの如き聖子でさえ十字架に上ったのだ。まして敗戦の武将をや。希くば吾等の如く数多の犠牲が将来人類の平和の為、役立つ事を祈るのみである。……汝安心せよ。父は苦しくもなく残念でもない。忠節の人道を守り人事を尽して天命に従ったまでである」【大場金次氏。静岡県出身。東京電機学校卒業。元憲兵大尉。昭和二十三年六月二十四日。「上海」に於いて刑死。三十九歳】

氏の心底は、自分の処刑を敗戦の結果であることを認め、忠節のために死ぬことを本望としていたことは明らかである。したがって氏は「たとひ義のために苦しめらるることありとも」という聖句を不条理な戦争裁判によって苦しめられることとうけとり、これに耐えしのぶことを幸福――日本臣民として――キリスト者ではなく――と感じ「一粒の麦……」うんぬんの語を、おのれの忠誠死の決して将来の日本のためムダでないあかしとし、かつ「人その友のために己の生命を棄つる……」を、その遺書の終わりのほうにおく。

「然し其の反面部下を一人も傷つけることなく無事復員せしめ得た事は満足であり最後の奉公であり使命を完遂し得たと確信する」

ということばと対照してみるとそれはたんに部下のためにおのれの生命を棄てることを意味していたごとくである。

こうなると、ついには十字架にのぼったイエス・キリストと、絞首台にのぼる敗戦の武将とを同一線上におく結果となる。それが前掲の「イエス・キリストの如き聖子でさえ十字架に上ったのだ。まして敗戦の武将をや」の言となったものと思われる。

「二千年の昔、イエス・キリストが十字架につられましたのも金曜日であった事を思い合わせ明日召される事を最上の幸福である事と確信致しております」(同書五三七頁)

のごとき文もみえてくるのは、けっして不自然ではない。

そして、氏のいう忠節のための「犠牲が将来人類の平和の為、役立つ事」になぜなるのか――ということになると、そこに極端な論理の飛躍、いな矛盾がみえるのである。

第三章で、すでに示したとおり戦前の日本人は天皇、国家への帰投の中に宗教的帰信を折りこんでしまい、宗教的安心と国家的犠牲死への充足感とを混同融和してしまっているから、仏教にかぎらずキリスト教のばあいにも、ほぼおなじようなかたちが現われるのは、むしろとうぜんのことかもしれない。

ただ仏教のばあいは、天皇や国家との永いあいだの絡みあいがあるため、感情的にそれほど矛盾をもたなかった——ともいえるが、キリスト教に入信したばあいは、それが新しいだけに、また国家と宗教との対決がはっきりしているだけに、感情的にも理論的にも、多くのマゴツキがそこにみられる。しいていえば、伝統的な仏教に走ったものよりも、かなり自覚的であった——といいうるのではあるまいか。

もちろん、その自覚も、国家や天皇を超えて、より普遍的なものへと伸ばしてゆくことはできなかったのであるが……。

仏教のばあいは融合型となり、キリスト教のばあいは対立とはゆかず併行型となり、そのあげくは片方の宗教をなげだしてしまう——。類型的にいったら、そういえるのではあるまいか。

しかし私は、このような大庭氏や大場氏のキリスト教の受容態度というものを、責めてはけっしてならないと思う。それは天皇制国家の中で、自主的な宗教的自覚への眼をふさがれた個人の、いたましい信仰追求のすがたであるからである。

それよりも、このようなキリスト教のうけとりかたになった日本人の精神構造に、くりかえし指摘してきたように、きびしい反省の眼をむけねばならない。

つぎに掲げる坂本氏の遺書も、個人的には、きわめて真摯なキリスト教徒として、その信仰を維持していたようであるが、全体的には、やはり国家への忠誠ということが根底となっていて信仰も個人の安心をうる範囲にとどまり、それ以上に発展しないばかりでなく信仰による安らかな死も、それが国家への死なるゆえにこそ意義づけられることをしめしている。

すなわち氏は、最後の航空便において

「維新の志士とは性質は元より異にするも、これも国家の為です。敗戦日本の犠牲、新しい祖国再建の礎石。最後迄無罪を信ずるも万一の場合には総べては神様の思召しと笑って逝けるだけの覚悟はとっくにできて居ります。御安心下さい」【坂本春吉氏。茨城県出身。土浦中学校卒業。大連市振東学社卒業。元満州国警察官。満鉄社員。昭和二十三年四月十九日。「満州、瀋陽」に於いて刑死。四十二歳】

と、キリスト信仰によって個人的安心をえつつ、最高価値である国家への死を準備しているのである。氏も、神の求むる犠牲と、国家の求めた犠牲とのあいだに次元的相違のあることを気づかず、むしろ両者を感情的に全く同一視することによって、こころのやすらぎをえようとしていたかにみえる。

「中日提携の捨石、世界平和の先駆。神は犠牲を求むる時、其処に重大なる意義を有する事を確信、神の聖旨に従いて、この栄光を発揮せんとす。実に『無実の罪なり』との怨恨心を捨て切る迄には、そして現在の心境に達する迄には永い間悶え苦しみました」

これをみると、氏の内部では、キリスト教によって怨恨心をすてるための、血みどろの格闘がおこなわれたようである。そして人類平和への祈りをささげるすがたさえ、かすかに望見されうる。氏は、国家や民族のきずなを超えて、真に宗教的世界にはいりえたのであろうか。

しかるに氏が、さいごにのぞんで覚悟したことはなんであったろう。それは、あくまでも多年鍛えあげた武道魂による諦死であったのだ。怨恨心それ自身への深き悔悟でもなければ、世界平和へのはげしい希求でもなかった。求めたのは、ただ日本人らしい、よき死にかたであったのだ。

「残すこの世の生活も四十日か毎日心(死)の準備に苦行中ですよ。よき死に方をしたい。多年鍛えあげた武道魂で割合死の瞬間は従容と出来ると思うがこの折を待つ間が実に困難のようです。剣道試合の様に立ち上る迄が大切のようです。更によき『諦死』の方策あらば御教示下さい」

氏においては「無実の罪」をおのれにあたえたものに対して「怨恨心」を捨て切るということは、罪を許してやるという深い宗教的開眼にもとづくものではなくしてたんに諦めるという一種の「諦念」ではなかったであろうか。より大きな宗教的愛にめざめて怨恨心を超克することではなかったと思われる。ゆえに

「私がキリスト教の信者となりて信仰生活に入り今日の平穏なる心境を得たるは一に先生の御恩

寵の賜なり」

と牧師に感謝しつつ、運命に随順して平穏な境地に安住しているが、そこには諦念にもとづく随順があるだけで、そのような運命をあたえた神へのはげしい対決もなく、罪への苦痛な反省もなく、したがってこれ以上、氏の内面生活ではキリスト教の信仰は生長しなかったようである。

さいごに、刑執行を二日後にひかえ、牧師からあたえられるままに洗礼をすなおにうけ、キリスト教の信者となりながらも、他方あくまで国事に斃《たお》れた吉田松蔭の心事に懐《おも》いをいたし、やはり処刑に際しては大君への忠死なることを絶叫するという、いわば当時の日本人にとってもっとも自然的と思えるキリスト教受容態度の一例をつぎにあげてみよう。

「十月二日

ハーゼクラーネンドシク大尉吾々に面会の為来て下さる。六時五十分。この方は従軍牧師、この拘禁所に居る日本人新教徒十名に洗礼を受けるように熱心に御努力された方、いや吾々が洗礼を受けたいと希望しそれを実現までにお骨を折って下さった方です。打合せに見えたのです。『吾々五人は死刑執行前日洗礼を受け得られるか』と古瀬准尉がつぶやく。伊東、中村、井手尾の三氏は明日行なわれる儀式の通知に接し亦古瀬准尉の言葉には流石に心を打たれたらしく、しんみり牧師さんの面を見つめる。ソベリング少佐も良い方でしたが牧師さんも良い方です」（同書一三一頁）

死を目前にして洗礼をうけられた、これらの刑死者たちの心中は、大いなるものに救いをもとめつつかぎりなく厳粛なものであったろうと想察される。

が、その反面、刑執行の当日には

「十月四日之朝

人ハ忌ム刑ノ座ナルモ、……仰デ天日ニ愧ヂス、頭ヲ垂レテ皇居ニ対ス、……人生一片ノ雲ニシテ悠々タル天地ノ事……」(前出)

という漢詩をしるし「悠々タル天地ノ事」という吉田松蔭の心事を、おのれのそれとして詠んでいる。そして、いよいよ刑のおこなわれるときには

「朝食六時二十分、お祈りを捧げパンを千切りコーヒーを頂く。但し少量のみ。

……………

それでは参ります。

大君の勅畏み一筋に誠の道を吾に来にけり」

洗礼をうけたからには、さいごのお祈りをささげるのはとうぜんであろうが、といって死生観がべつだんかわったものでないことは「大君の勅畏み………」の一首によりあきらかである。

一部のごく自覚的な知識階級のキリスト教徒をのぞいて、キリスト教自体においてかかる天皇制との妥協がおこなわれていた以上、ほんとうの意味の宗教的信仰が一般化されないのはとうぜんである。

キリスト教も、やはり天皇制のワク内で、その宗教的本質はなんら発現されることなく、なかば国家に飼いならされて終戦を迎えるにいたった——というのが実情ではあるまいか。

ここで、遺書からその実例をとることはできなかったけれども、かの戦時中おこなわれた神・仏・キ三教主催による「大東亜戦争完遂宗教翼賛大会」（一九四二年）の決議文をよめば、おおよその見当はつくというものであろう。

以上、神道、仏教、キリスト教と、戦犯刑死者たちのおもむいた信仰内容を、遺書を引きつつ吟味していったのであるが、いまさらのごとく宗教なきこの国の精神風土がかえりみられてならない。

われわれは、かかる精神構造を形成せしめた明治いらいの天皇制国家のありかたと、そして、形成せしめられた精神構造の歪《ゆが》みとをあくまで追求してゆかなければならない。

もちろん、ここでは宗教的側面のみの考察にかぎられているけれども、新しい豊かな精神的発芽をうながすなにものかが、そこに見出されうるように思われてならないのである。

第五章　戦犯刑死者たちの宗教受容態度

各章において、論じてきたところをまとめてみると、戦犯刑死者たちは、戦前の日本人に共通している天皇への絶対帰投や慣習的信仰に制約されて、普遍的な人間性に立脚してすなおに宗教をもとめることができなかった――ということがしられるであろう。

ことに神道思想に傾きかけていたひとたちは、それが密接に天皇制とむすびついていたところから、真の意味の宗教的自覚からは、ことさらとおい位置にあったように思われる。

これらは、第一章、第二章において、あきらかにしたところであるが、このような天皇制国家観を精神的にも至高のものとして押したててゆく態度からすれば、相手が、ともかくも原理的には普遍的世界宗教の性格を有する仏教であろうと、あるいはまたキリスト教であろうと、その信仰内容に質的飛躍があろうとは、とうてい考えられない。

じじつ、第三章においても、あるいは第四章においても、みてきたごとく戦犯刑死者たちは、仏教もキリスト教もすべて天皇制国家のワク内でうけとり、これを超えて普遍的な人間性のたちばから純粋に宗教への自覚をもとうとはしなかった。

これら宗教による安心が、あげて現世的権威にすぎない天皇のため、国家のためにやすんじて死ねるという、そのたんなる手だてにすぎなかったことは、みてきたごとくである。もっとはっきりいえば、自己の死の宗教的粉飾を、かりそめに求めた――といったらいいすぎであろうか。

このことは、逆にいえば日本人が、日ごろいかに真の意味の宗教なしですましているか――という証左でもあるが、したがって、宗教的にはほとんど白紙にちかい戦犯刑死者たちは、仏教をあたえられれば仏教の信者となり、キリスト教をあたえられればキリスト教の信者となるのは、とうぜんのことである。もっと具体的にいえば、浄土真宗の教誨師につけば真宗の信者となり、禅宗の教誨師につけば禅宗の信者となる。

かれらは、その時その場であたえられた宗教を、しごく従順にうけいれている。宗教をただ慣習のながれの中にのみうけとってきた日本人の、宗教受容の態度が、そのまま現われているわけである。このような態度が徹底すると、どうなるか。それは、仏教とキリスト教との同時存在を、おのれのこころに許すことになる。

もちろん、仏教とキリスト教との同時存在を、まがりなりにも理論と体験をとおして実証しようとした結果が、そうなったのだ――というのなら、それもいちおうは許されようが、かれらのばあいは、そのような内的相剋のプロセスをへた形跡はなく、宗教にたいする安易な態度が、ただ慢然とそのような結果を生んだものと想察される。

このような宗教への姿勢は、神棚と仏壇とが、きわめて自然に同居するわが国古来の混合信仰（シンクレティズム）に、容易に通ずるものであり、むしろ歴史的にみれば、それらにささえられて現在のこのような日本人の宗教受容態度ができあがっている——ということができるであろう。この点については、すでに多くの宗教学者が指摘しているところであるから、あえて詳論しないが、日本人の精神構造の中で、きわめて特異な部分であることはいうまでもない。

いままで、各章にわかれて、神道・仏教・キリスト教信仰を、それぞれとり扱ってきたのであるが、比較的それらの中で信仰態度のはっきりしているものを、とくにとり出して論じたまでであって、じっさいは以下のべる混合型が、内容的には、いちばん多いのである。

ひとりの人間のこころの中に神仏はいうにおよばず、西欧的なキリスト教までが併存するということは、寛容という面からみればまことに好ましいことかもしれないが、反面行為や動機の源泉がいっしかあいまいになる危険をはらんでいる。

いかなる宗教、いかなる道徳思想にもとづく行為なのかが明瞭性を欠くと、そこに真の意味の責任は生じてこない。生活環境がよいときなら、それほどつよく意識されないであろうが、戦犯刑死者のごとく限界境位に追いつめられてこの矛盾が意識化されだすと、それは収拾のつかないものとなる。

以下中野久勇氏の遺書に、それがどのようなかたちで、あらわれているかを追求してみよう。

「三月十七日（水曜日）

久保江、野間両兄がいなくなり、なんとなく淋しい。広東から来た四名の者がいなかったらそれこそどんなに淋しい事だろう。お互に元気を付けあって暮らす。同県人の石崎兄から送って戴いた『信心という何を信ずべきや』（友松氏説）を読む。友松氏が江湾監獄に来てお話しになったものを筆録されたものならん。御厚意に感謝して読む。仏教の教理に対しては自分も昔から敬服していたが子供の時代に見せつけられた坊主の不法に対し、どうしても信ずる気にはなれなかった。仏の教へは実に立派である。今の我々は坊主云々をいっている時に非ず。仏の教へを守りて少しでも心の苦痛を救って戴こう。佃君からの便りで次便で仏教日用勤行集を送って戴けるそうだ。心待ちに待つ」【中野久勇氏。岐阜県出身。大阪此花商業学校卒業。元会社員。憲兵曹長。昭和二十三年四月二十八日。「上海」に於いて銃殺刑。三十歳】

中野氏は、坊主への不信はともかく、すなおに仏教の教理への関心と随順をしめしている。しかるに、つぎの三月十八日の日記は、すべてキリスト教への帰投によって埋められている。わずか一日のあいだである。

「三月十八日（木曜日）

今日仏人神父来て下さる。久保江、野間両氏の姿が見えないので顔色変る。孫さん林さんのところに行き訳を聞き心より歎く。彼ら両君は既に洗礼を受けてありたり。今は天に昇っていられることだろう。神父はわれわれに対しわが子の如く心配して下さる。林先生のお骨折りで来週の月曜日にわれわれ一同も洗礼を受けることとなる。神父曰く『あなた等の肉体を私は救ふ事が出来ないが、キリストのお名に依ってあなた等の霊魂だけはきっとお救ひするから』と実に親切であり熱心です。神父は支那語が上手ですから私が通訳をして神父の言われることを皆様に伝えました。われわれ一同も神父の熱情に動かされてキリストの子として戴くことになりました」

かくして中野氏は、その日記にしるせるごとく、つぎの週の月曜日、洗礼をうけるのである。日記の文面からうかがわれるとおり、氏のキリストへの帰信は熱烈であり、けっしていいかげんのものであったとは、とうてい考えられない。

「三月二十二日（月曜日）

……今は軍服も新しいのを着、仏人神父の来るのを待つ、午後二時開門と同時に洗礼を受くべき式場の準備です。暫くすると仏人神父来る。一人々々が神父の前に行き懺悔しキリストの御救いをもとめる。各人天主を信ずべき事を誓い、愈々洗礼の儀式に移る。仮の礼堂とはいへ儀式はいとも厳かに進行す。仏人神父が原語で色々と本を読みながら頭から水をかけたり、首をふいたりその他色々の儀式をなし約一時間にて洗礼を受く。之をもって我々はキリストの子となり教会員となったのだと神父はいふ。神父より聖保緑なる名前を全員戴く。神父曰く、安心して天に昇る事ができる。朝夕のお祈りを忘れないようにすべてを天主に捧げたならば救はれんと。今日は何となく生れ変って来たようだ」

信仰の二重性

おそらく氏は、仏教教理への関心はあっても、それを固定するだけの余裕もなく、そのうえかつての坊主不信の念にさまたげられて直接親切にみちびいてくれた仏人神父に帰依したものと思われる。これは、まえにもすこしふれたが日本仏教僧侶への不信がかれらをキリスト教へと押しやったひとつの例として注目すべきである。けれども、仏教よりキリスト教の方が罪の意識がつよいゆえ、かれらの境遇からキリスト教へとおもむいたと解釈するのは、いささか無理のようである。「一人一人が神父の前に行き懺悔し」という、懺悔の内容はあきらかにされていないし、それらしき告白も、日記にはみあたらないからである。そのうえ、三日後の、三月二十五日の日記には

「三月二十五日（木曜日）

今日は久し振りに好い天気であるから屋上に昇り朝の運動をなす。——中　略——愈々近づきつつある様だ。常に心を落ち付けお迎えを待つ。こうした毎日の生活もなかなか苦しい。心の苦しい時、乱るる時は仏教日用勤行集並びに聖書を繙き心の平静を保つ如く努む」

と、聖書とともに、前出の送ってもらった仏教日用勤行集をよんで、乱れるこころを抑えようところみる。

氏にあっては、聖書も、仏典もともに現在のこころの平静をたもたしめる以外に用はなかったのである。それは、そうであったろうと思われる。限界状況における宗教のもとめかたの、切実さが、胸

苦しいほど、そこには表現されている。これだけでも宗教書は、りっぱにその任務をはたしている——といえるかもしれない。

そして一般の日本人は、聖書をよんで感嘆するとともに、仏教のふかい教理にもいちおう敬意をはらっているのであるから、中野氏が、以上のごとき態度を仏キ両教にたいしてとったといって、あえてふしぎではないように思われるであろう。むしろ、どこに矛盾があるのだ——と反問されるかもしれない。

しかし、このような矛盾は、なにも宗教のみにかぎった現象ではない。それは日本人の、あらゆる生活様式・生活態度に文化の二重性としてあらわれてきているものであって、宗教だけが単独で解決できる問題とは思われないが、一般の日常生活における二重性ならまだしも、死をまえにした信仰の二重性ほど悲惨なものはない。死ぬときの、さいごのささえが、アイマイなくらい心細いものはなかろう。

宗教意識の低さ

仏教とキリスト教との、本質的な相違点を執ように追求する意欲もなく、宗教ならば、どんな宗教でもいちおうよいことをいっているにちがいない、などといった漠然とした宗教への無関心と無対決の態度が、結局このようなアイマイな態度をとらせることになるのであろうが、仏教でもキリスト教でも、どちらでもおなじようなものだ――とするところに寛容性よりも、むしろ日常生活における宗教意識の水準の低さがあるのではなかろうか。

宗教のような、個人の主体的な体験に深く根ざす信仰には、いわゆる世の一般の思想のごとき折衷主義は、もともと成り立たないとみるべきである。仏教とキリスト教とを、うまく組み合わせて、妥協できる性質のものではない。信仰の無自覚な併存現象は、低次元の宗教意識にもとづくこと、ひろく宗教学者の指摘するとおりである。

したがって、そこからは、信仰そのものが、個人の思考と行動とを根底から律するものとして、把握されてこない。自覚的な宗教を成り立たしめる精神基盤を欠いているわけである。

そして、それは現実的には

「聖書と万葉集、他に仏教書二三冊、古い小説等若干を許されて読んでいる」（同書一九六頁。傍点筆者）

という態度となって、あらわれてきているように思われる。宗教書は「古い小説等若干」と、あまり距離はないように、うけとれるのであるが――。

これが日本人の、ごく典型的な宗教への心的態度ではないであろうか。反発を感ずるひともあるであろうが、おおかたは、おのれの胸奥において肯定するよりしかたがないのではあるまいか。

日本人が、宗教的に白紙にちかいという例証は、戦犯刑死者たちの囚えられた場所や、その歳月などと、遺書の中の宗教的記述の関係などを対比してみても、あきらかである。

すなわち、終戦後まもなく、外地で、それも遠方で処刑されたひとたちの遺書には、あまり宗教的内容のある記述がみあたらない。あっても、まれである。おそらく精神的にもその余裕がなく、まだ教誨師なども行かないうえ、日ごろの宗教への無関心さが、そうさせたのだと思われる。

ところが、巣鴨などで教誨師や宗教書に接する機会も多く、かつある程度ながい期間生きていたひとたちには、おどろくほど宗教への信仰がかたられている。これはかの『平和の発見』を読まれたかたなら、だれしも肯かれることであろう。

このことは、精神的、肉体的余裕のほかに、外から宗教があたえられたことを明瞭にものがたっている。どちらかといえば、とおい異境のはてで、終戦後すぐさま処刑されたひとたちの、いまわの叫びのうちに、戦前の日本人の赤裸々な宗教への態度が、よりつよくあらわれているように思われる。上掲の諸文から、すでにこのことは気づかれているであろう。

そして、内地などで、教誨師などによって宗教を注入されたと思われるひとにたいしては、そのうけ容れかたと心理的プロセスに重要な問題がひそんでいるわけであるが、これものちほどふれる機会があろう。

日本人の宗教にたいする受容態度は、その年齢によって、たいへんことなってくることは、一般にいわれているところであるが、戦犯刑死者のばあいも、この傾向が明瞭にあらわれている。

まず二十代のひとたちで、宗教への関心をしめした遺書はすくなく、あっても内容的なほりさげはほとんどみられない。が、四十をこえると、さすがに宗教——といっても仏教が多いが——への諦念を書きしるしたものが目立ってくる。

この理由については、すでに宗教社会学の分野からいろいろな解明がおこなわれているからここでは触れない。が、これが戦犯刑死者のばあい、どのようなかたちであらわれてくるかというと、二十代で処刑されたひとたちは、結局かきのこすべき宗教的内容はほとんどないのであるから、第一章ないし第二章でのべたような、形式的な「勅諭型」「勅語型」となってくるわけである。

三十代にはいると、いささか異なってくる。おなじ「勅諭、勅語」型でも、そこに人生への疑問を通じて、宗教への関心が、多少なりともあらわれてくるのである。これは二十代の、宗教にふれることすら嫌忌する態度とは、たしかにことなっている。

四十代をこえると、ほとんどのひとは、東洋的な諦観をとおして仏教への通俗的な見解をしめしだす——ということができる。三十代とことなり、人生の解釈に、一定した方向と落着きがみられる。

もちろん、これは一般論であって、信仰というきわめて個人差の大きいものに対しては、ごく一部の妥当性しかないわけであるが、ともあれ、そのような傾向が看取されるのはじじつである。いま豊富な例を遺書から引用して、これを論証する紙幅のないのは残念であるが、すでに証明ずみの問題であるし、また年齢の問題は重要であるにしても、宗教受容に関する本質的な問題とも考えられないから、指摘するだけにとどめておこうと思う。各章にわたる上掲の諸例から、おおかたは推察のつくところでもあろう。

さて、日本人の、このような無自覚な宗教受容の態度は、その復讐心をみると、案外裏面から容易に理解されそうに思えるので、この問題を追求してみよう。

すなわち、執ような思索的持続性がなく、徹底的に考えぬこうとしない態度は、逆に復讐心の淡白さとなって、かれら戦犯刑死者たちにあらわれてきている――と思われるからである。

日本人は現実肯定感がつよく、そうなってしまったんだからしかたがない――といった事実をすなおにみとめて妥協してしまう傾向があるといわれるが、戦犯者たちも、収容されて一時期がすぎるとたいていのひとは復讐心がうすらいでゆくというか、消されてゆくようである。

もちろん、そこに、戦犯として法律的な罪への認識なり、あるいは戦争というかぎりない罪悪を犯す闘争本能への反省なりがおこなわれたのちに、そのような復讐心のうすらいだ境地になっていったというのならわかるが、事実はそうではなく、ただ感情的に自然にうすらいでゆくといった印象をうけるのである。

これは日本人の精神構造の一部として注目されなければならない。罪にたいする対決のアイマイさがそのまま復讐心の淡白さというよりアイマイさとなって現われてきているとも考えられるからである。

じっさい、職業軍人などは、よほどつよい復讐心をもってよいはずなのに、戦犯刑死者たちのかれらの遺書には、そのような表出がきわめてすくない。これは、事情によって遺書の中から省かれたとも考えられるが、遺書の他の部分との関連からみて、そうつよい復讐心をかれらが持続していたとは、とうてい思えないのである。

もっとも、激しい復讐心をしめした例が、ないわけではない。

「辞世

空蟬の身は広東に斃るとも天翔りなむ我が荒魂は

説明

私は死んで仏になり極楽に行く、或は死んだら父母の許に帰るというような通り一遍なことは毛頭考えていない。否死して靖国神社に祀られ単に護国の神となって鎮まるというだけでは満足出来ない。私の真の魂魄は天翔ってこの敗戦の復讐を遂げねば満足しないのである。御承知の如く人の霊魂には和魂と荒魂とがある。私の和魂は靖国神社に鎮まるであろうが、私の荒魂は復讐心を成し遂げるまでは鎮まることは出来ない。皇国再建とは何時か米国を亡し、支那を平げることである。

……真の皇国再建は復讐戦に勝つことであることを深く念頭に刻み付けて貰いたい。

……末句は『我が荒魂は』と字余りに読んで貰いたい。字余りになる位私の精神力が籠っているのである」（同書五一頁）【近藤新八氏。広島市出身。陸軍大学卒業。元陸軍中将。昭和二十二年十月三十一日。「広東」に於いて刑死。五十四歳】

これなど、数ある遺書の中でめずらしい例である。

なるほど、近藤新八氏は、陸大出の陸軍中将、きっすいの武将であろうが、齢すでに五十をこえ、ふつうの日本人ならば、たとえ職業軍人であろうと、いささか東洋的諦念にしずむ年齢である。まして処刑の日は昭和二十二年十月三十一日とあるから、終戦の日から二年有余の歳月がながれている。それなのに、このようなはげしい復讐心を、さいごまでもちつづけているのは、いかに皇道的世界観にこりかたまっているとはいえ日本人としてはめずらしい型に属する。

日本人は、いざ遺書となると、案外おとなしいことしか書かないようである。職業軍人でも、かつて三軍を叱咤したときの気勢など、まったくみられないのがふつうである。

復讐心には、如上の皇道的世界観にもとづくもののほか、たんに戦争裁判の不条理に向けられたものもある。

「隊長も余も全然身に覚えなき事件なり。故に軍事法廷に於ける公判廷に於いて堂々と弁論を為したるにも拘らず吾等の条理に叶った弁論も虚偽なりとて採用して呉れず、中国側に有利にきめ込んで吾等二人を無実に陥れたのである。この様な暗黒裁判非人道なる裁判に依る悲憤やる方なき者が幾多あることか、全く無実の濡れ衣を着せて平然たる中国側の態度は人道の敵として世界の世論を喚起すべきだ……。日本人に檄を飛ばし、憤死せる余の仇を打って呉れ。孫子の末まで言い遺し余の死を空しくする勿れ」（同書五六頁。前出。中屋義春氏の遺書）

しかし、どのようなかたちで、はげしく復讐心があらわれようとも、それらはいつしか東洋的な諦めの境地にながされていってしまう。

遺書のさいごのほうには、かならずといってよいくらい「これも運命だ、諦めるより仕方がない」「運命の裁きを待つのみ」「これも仏教でいうところの前世の因縁かもしれぬ」などの字句がみえる。いうまでもなく、そこには、内面的苦闘をへたのちの諦めの境地というには遠いものがあり、かの罪を追求するばあいに似て、たぶんに感情的であって、伝統的な情緒を帯びた仏教的諦念のかなたにそれはすばやく解消されてゆくのである。

戦犯刑死者のばあい、その復讐心の解消ということは、宗教的たちばからみて、ひとつの重要な課題を提供している。

なんとならば、それは、普遍的な人間性のたちばから国家間の、あるいは個人間の闘争を昇華してひろい人類愛にまで達する宗教的自覚への契機をふくんでいるからである。

したがって、戦犯刑死者たちの多くが、なんら罪への内面的格闘なくして、具体的にいえば、前出の大庭氏の例にみられるごとく「汝の敵を愛せよ」という教えを宗教的な意味で理解することなくして、しごくあっさりとその復讐心まで東洋的諦念のかなたに押しやってしまうことは、みのがすことのできぬ日本人の特異な対宗教的態度である。

精神的な最高権威まで現世的な天皇にうりわたしてしまって、一切に疑いをすこしももたないか、あるいは、深く仏教的な伝統思想に基づくところの東洋的諦観の中に復讐心まで押しながしてしまって、これまた深く疑わないか、いずれにしろ、天皇や国家の名のもとにおこなわれた、かずかずの罪悪にたいして、ほとんど反省らしい反省をくわえていないのが大半である。

罪への無自覚という宗教受容態度——それは、はたして宗教受容態度といえるかどうか問題である——が、歴然と、そこにみられるのである。日本人の精神構造の致命的欠陥というべきこの問題をかれらの遺書をかりて、もうすこし追求してみよう。

私はここで、戦争犯罪が法律的に罪であるかどうかを論じようとしているのではない。それはそれとして、それぞれの専門家たちによってとり扱われるべき問題であって、私の関知すべきことではない。

私が、ここでいう罪とは、法律や一般道徳をこえて、逆にこれをささえる、根源的な人間に纒える宗教的な罪を意味する。そして、われわれの精神的な権威までこれを現世的な天皇・国家へとうりわたしてしまうと、現世的な天皇・国家にたいして罪を感ずる以外に、それ以上のもの、たとえば神とか仏とかいう、人間良心の極限において存在する宗教的権威にたいして罪を感ずることがなくなってしまうということを指摘したいのである。

かれらは、ひたすら天皇のために忠節をつくし、国家の犠牲となることのみ、死の至高の意義をみとめているのであるから、戦争犯罪がひとえに忠節のせいであり敗戦にともなう国家の犠牲であることはみとめても、それがいわゆる罪を構成するとは、とうてい考えなかったのである。

これは、現実における国家の存在を思うとき、ふかい理由が考えられる。近代国家は、なんらかの意味で、個人の国家への犠牲死をも強要するからである。戦犯刑死者たちが、国家の命令ゆえに犯した罪を、いわゆるの罪とは思わなかったのはとうぜんであろう。この問題は、さらに国家悪の究明へと開展すべき重要な契機をふくんでいるが、ここではその追求すべき方向がちがうから深くふれない。ただ、このばあい、戦前の日本人のように、天皇を中核とする国家観念に精神的至高の位置をあたえてしまうと、普遍的な宗教的権威の自己の精神において占むべき場所がなく、したがって宗教的な意味における罪の自覚の発生する基盤を、まったく欠くにいたる、——ということである。

遺書の多くは、悲しくも、これをもの語っている。

「自分ハ決シテ悔イテハイナイ。日本軍隊ヲ尊重シ軍人ノ本分ヲ尽シテ君国ノ為ニナッタ事ガ罪ニナレバ本望デアル。敗戦故ノ罪ダ。ドノ様ナ事ガアッテモ忍ブ事デアラウ」(同書二一〇頁)【芝嘉寛氏。高知県出身。十川村実業青年学校卒業。元農業。元海軍兵曹長。昭和二十二年十月三十日。「マカッサル」に於いて刑死。三十四歳】

「——私は犯罪者の一員として処刑せらるるも現在迄再三再四伝言せる如く、破廉恥的行為に基くものでなく、上官としての責任を追及せられた結果に基くもので皇軍指揮系統の上、万已むを得ぬことなれば、国の礎となりたるものと思って諦められたし――」広島県出身。元建築業。元陸軍少尉。昭和二十三年一月二日。「マレー半島、クアラルンプール」に於いて刑死。三十二歳】

「遺言

昭和二十一年十一月二十二日シンガポール「チンギー」刑務所に於て死刑を執行せらるることになりました。裁判では俘虜虐待といふのですが、之は敗戦といふ大きな時代の変遷の為め天命とも云ひますか、今静かに過去を顧る時、私は国の為、君の為滅私奉公の誠を尽し如何なる悪条件にも最善の努力を払ひました。総て俯仰天地に愧じざる行為に終始しました。

今は何も思ひ残す事はありません。静かに死の旅に立つ事が出来ます。絞首刑と聞いた時皆さんは何と私に対して考へられましたか。私は統帥の大権を承行して只管俘虜収容業務に努めました。然し西洋人の考へは東洋人の私の考とは違ひました。同志の者に送られて元気に行きます」（同書三五八―三五九頁）【伊藤勝三郎氏。元会社員。元陸軍主計曹長。昭和二十一年十一月二十二日。「シンガポール、チャンギー」に於いて刑死。四十四歳】

以上、三つの例をよんだだけでも、戦犯刑死者たちが、どのように戦犯という罪をうけとめていたかがわかるであろう。

「君がため国の為にと戦いし　いくさ人らになど科やある」（前出）

おそらく、この歌が、かれらのいつわらざる気持を、よくあらわしていると思う。そこには、天皇や国家以上に、ひろく人間性や宗教のたちばから、罪の問題を考える精神的基盤が、まったくみあたらないのに気づかれるであろう。そして、このことが、現在われわれの解決すべき切実な問題となって迫ってきているわけである。当時のひとたちの、おそらく日本人一般がもったであろうかかる精神状況は、現在の時点からはいとも容易に批判もくわえられようが、それはあくまで表面上の政治的思想的批判を出ないものが多く、深く根源的な宗教性自体には、いちどでも深刻な反省がくわえられた形跡はないように思う。現在のわれわれは、そのごいかなる精神変改を自己におこない、かれらの死をムダにしなかったであろうか。

戦犯刑死者たちの宗教受容態度の中で、われわれがぜひともふれなければならぬ最後の問題はかれらと教誨師との関係である。

ほとんど宗教的には白紙といっていい大部分の戦犯刑死者たちにじっさいに宗教というものをあたえたのは教誨師たちである。

そして、仏教であれ、キリスト教であれ、そのあたえかたに、大きな問題のあることを指摘したいのである。

すなわち刑死者たちの多くは、上述のごとく宗教的にみて真の自覚的段階にあったとはいいがたくほとんど白紙の状態なのであるから、かれらは、そのあたえかたや順序によって、キリスト教徒にもなれば、仏教徒にもなり、かつ信仰内容もそれらによって規定されてくるのである。

これは多くの例証をあげるまでもないと思われるが、平松貞次氏（同書六五五頁）、平野庫太郎氏（同書六五七頁）、尾家剣氏（同書六五八頁）などの一連の遺書をみると、みな巣鴨において花山信勝師の教えをうけたらしく、花山師の偉大な教化力のしからしむるところであろうが、そこには浄土真宗へのやや一様な信仰態度がみられる。

が、問題は、教えの内容でなくそのあたえかたにあるように思われる。

というのは、戦犯刑死者たちの多くは、さきにいうごとく宗教にたいしては、まったくの初心者なのであるから、戦犯という形而下の罪と、人間として宿命的に背負わねばならぬ宗教的な罪とか業とかの区別さえはっきりせず、両者の次元的相違に無自覚のままふたつを混同してしまっているばあいが多いからである。戦犯から救われるという現世的な救いと、宗教における永遠な救いとを、そのまま単純にむすびつけて、いたましい罪の混淆をくりかえしているかにみえる。

「裁かれて身は戦犯となりぬれど罪の人とはついぞ思はず

　私のことの悲運は神や仏の地位から見下したならば世界平和のため大幸であるかも知れません。否そうであると思ふ。光栄ある人柱である。……。

　あの罪悪の多い忌はしい戦争と云ふものの責任は八千万同胞にあるのです。就中その重責は軍部、政治家にあるでせう。それなのに私はこの微々たる身にその大責任の贖罪の一部を背負って逝かなければならなくなりました。思へば重い責任です。私のこの心身はその贖罪と世界平和の為に散っていくのです。私のこの五尺の肉体は平和の捨石となるのです。この捨石がなければ平和な日本はない。世界平和が達成せられますならば犠牲になって勇んで逝きます。既にサイの目が最悪に出た以上致しかたありません。私は死んで永遠に生きるのです。平和の憲章のため十字架に就くのです。既に平和の人柱は東条以下三十数名（巣鴨）立っているのです」（同書六五六頁）

ここでいわれている罪とは、いわゆる戦犯としての政治的法律的であることはいうまでもないであろう。したがって、その相対性のゆえに見かたによっては無罪ともなりうるのであるから、歌のごとく「身は戦犯となりぬれど罪の人とはついぞ思はず」という意識も成立するわけである。

しかし、この現世的な戦犯としての罪を負うことが、どうして宗教的な贖罪となり、世界の平和の捨石となるのか、死んで永遠に生きる十字架に就くことになるのか。それらはまったく同質的にことばのあやとして単に結びつけられているかのごとき感をうける。

戦犯の罪を清算するということと、宗教的な贖罪とは、もともと異質的なものであり、戦犯の罪を解消したとて、それは現世的罪の消滅にすぎず、宗教的な意味の贖罪とは、なんら関係なきものということができるであろう。死んで永遠に生きるためには、そこに現世的な一切の罪を超克した宗教的世界への、次元的飛躍がなされねばならない。それは決して、戦犯となって罪の人とはついぞ思わず――という境地でもなければ、東条以下を平和の人柱と是認する境地でもないはずである。

が、前掲の文のごとく、現世的な戦犯の罪は、そのまま宗教的な贖罪へと、いともたやすく移行してしまい、そこに救済が見出されることになる。これが、教誨師によってあたえられた宗教の、ひとつのうけとり方なのである。

なるほど、それは、形式的にはひとつの救済、済度が成り立つようにみえる。しかし、根源的には宗教による救済ということはできぬであろう。

やはり、真に国家と宗教との本質的相違を気づかせ、国家そのもののもつ必要悪を指摘することによって、より普遍的な人類への真理にめざめさせることが必要である。教誨師の根本的態度がここになければならぬことはいうまでもないであろう。

しかし、教誨師たちにも、悲しい制約があったと考えられる。私は、遺書をよむかぎり、教誨師たちが政治目的に自己を屈従させて、かれらの戦犯としての罪を、たくみに宗教的な罪にすりかえることによって、その罪を自認させ、おとなしく成仏させる手段を講じた――というような悪意ある解釈をこころにいだくことは不可能であった。

限界状況にあるひとたちに宗教をあたえる教誨師たちも、またのっぴきならぬ限界状況におかれていたことを思うべきである。

政治的な制約にしばられて、たとえ純粋に宗教的教化ができない面があったとしても、けっして責められるべきではないと思われる。その背後には、政治対宗教という、歴史上もっとも厄介な問題が伏在しているわけであるが――。

ここに、現在の宗教に生きるものの限界を、はじめて見せつけられたような感じをもたされるのであるが、その限界すらも自覚しない態度に接するばあいは、ある種の嫌忌と憤りを感ずるのを否定することはできない。大きな偽瞞がそこにあるのであるから――。

かつて、従軍僧とか、従軍牧師には、心ある宗教家はならなかったときいている。自己の宗教的信仰を、安易に国家目的に一致させることが良心的に耐ええなかったからであろう。

その意味で、つぎの例は、はたして適例かどうかしらぬが、じじつに拠りつつ、この問題を、もうすこし追求してみたいと思う。

「私は十八名の者の家族又兄弟妻子の者のために犠牲となるのです。どうか誤解しないで下さい。罪無き者が彼等の罪を負っていることを知っているのですから世間の人が何といおうと兄姉の皆様には信じて頂きたいと思って居ります」(同書四八七頁)【田島盛司氏。埼玉県出身。元工員。元陸軍伍長。昭和二十一年十一月二日。「ラバウル」に於いて刑死。三十一歳】

田島氏は、遺書にあるごとく、戦友たちの身がわりとなって刑死したように察しられる。終戦時の、人間不信のただ中に咲いたこのようなうつくしい友情はわれわれに、こころ温まる想いではあるが、ひとのために犠牲になるとはいっても、それは、おそらく彼みずから有罪になるであろうとした十八人という限られた数の戦友たちのためであることは、明瞭である。

したがって氏が、ひろい意味の人間性のたちばから、人のために犠牲になるということを自覚していなかったことは、つぎに氏が、有罪になるであろう十八名をふくめての戦犯そのものの罪を、ぜんぜんみとめてなかったことからもしられる。

「私達戦犯は当然無実の罪で散る者、刑に服する者とありますが、家名を傷つけると云ふ気持はもっていません。寧ろ名誉の事と思います。必ず国が再建するために犠牲は生まれます。その人達に加はって散って行くのですから、敵弾に当たって死すると同じ気持です」（同書四八七頁）

うつくしい友情への死であることに満足してはいても、戦犯としての罪は毫もみとめてなかったことがしられる。

このような精神状況にある田島氏が、濠州の牧師から洗礼をうけクリスチャンになってからはどうであろうか。

「私は今神様の世界を見ることが出来るやうになりました。

神様は常時私達について居るのです。それを信じなければなりません。生死のすべては神様の支配下にあることを信じなければならないでせう。私は国際裁判により死刑を言渡されましたが決して嘆き悲しんではいません。生は得難く死は一時ですから。自ら死する事はいけないが、神の支配下に居る者です。明日もを知れぬものです。人は運命といって居りますが、運命は神様が支配していることを知らねばなりません。私がラバールの土となることも之も神様がそうさせて下さったのです。

私は今クリスチャンになりました。濠洲の牧師から洗礼をうけて今は神様の子となって居ます。何んな神様でも良いから心から神様を信じて下さると必ず神様の世界を見ることができることと信じます。現世の不運は天国で必ず幸になれます。

……。私のやうに後一週間位しか無い人生も死して神の国にゆくことができると信じて居りますから決して死を怖れて居りません」（同書四八七―四八八頁）

戦犯としての処刑を名誉の戦死とおなじだとして毫もその罪をみとめなかった氏が、国際裁判の結果「死刑を言渡されても決して嘆き悲」しむことなく、ひたすら神のあたえたもうた運命だと甘受し随順してゆくすがたには、一見すると氏が宗教の世界へと確実に一歩ふみこんだかにみえる。するとそこには、現世における国家間の闘争の結果として生じた戦争犯罪という罪をたかく超えた、魂の世界への飛躍がなければならない。が、遺書ぜんたいからみるかぎり、それが看取されないとすれば、氏のかかる心理的プロセスは、どのように理解すべきものなのであろうか。

おそらく、それは、つぎのごとく推想されないであろうか。すなわち田島氏は、国際裁判の結果といえども、戦犯としての罪は毫もみとめたわけではなかった。これは、現在ですら、国際戦争裁判の正当性についてはハッキリした結論は出ていないのであるから、当時としてはいうまでもないことである。しかるに、裁判の結果死刑を言い渡されても、けっして嘆き悲しまないという以上は、そこに氏のこころの中に、かかる運命自体すでにおおきな神の支配下にあるという諦観が、教誨師たる牧師によってすでに教えられていたことを意味する。上掲の遺書をよめば、この間の消息はおのずとわかるであろう。そして、その結果はどうであろうか。とりもなおさず、それは、彼があくまでみとめなかった戦犯という罪を結果的にはみとめることになり、第三者からみれば国際裁判の正当性をみとめさせる結果にもなる――ということにならないであろうか。

戦犯の罪すらみとめなかった氏に、人間の根源的な罪を自覚的に昇華して神の運命を悟った心的過程のあるはずはなく、きわめてみじかいと思われる期間に、戦勝国の牧師によってかかる神の教えがとかれてその罪を自認したとすれば、われわれはそこに、宗教の国家目的へのたくみな貢献をみとめないわけにはゆかぬのである。

神の運命とか、人間の原罪とかいう宗教的大真理を、真正面からふりかざされれば、戦犯の罪をみとめない田島氏といえども、いちおうはこれに従わざるをえない。まして友情のために一身を犠牲にするような心情の持主である氏がすなおにこれに随順したであろうことは想像にかたくない。といって、神のあたえたもうた運命として死についたということは、すこしも戦犯としての罪を肯定したことでもなければ、国際裁判の正当性をみとめたことでもない。それらは、さいごは共通の基盤の上にたつべきものであるとしても、いちおうは次元のことなるできごととして、とり扱われるべき性質のものである。

が、第三者の眼には、ともかくも彼が現在の処遇に満足して死についたごとくにみえる——のはいうまでもない。いわんやその教誨師が、なんらかの意味で対戦国の裁判組織につながることを思えばそこにわれわれは、国家がたくみに宗教家を利用して戦犯者たちに罪を、かりそめにも納得させる手段を講じた——とみざるをえないのである。

もちろん、限界状況にあるひとたちに、神の恩寵を説く、これら教誨師の行為はたっとい。が、絶対的な神の恩寵が説かれるまえにすくなくともこの世におけるあらゆる現世的権威の否定が——くりかえしていうように国家間の対立はもちろんのこと、戦争裁判それ自体の相対性までが、いちどは、はっきり説きしめされなければならない。そのような自覚をうながさずして、ひたすら絶対的な神の恩寵の中に戦犯者たちをひき入れてしまうことは、宗教家としては、たしかに一種の偽瞞をなしているといわれても、しかたがないであろう。

『世紀の遺書』に関するかぎり、教誨師たる牧師によって、戦勝国の正義の相対性や、国際裁判の相対性などについて、宗教的なたちばから真の自覚をうながしたような記事には出会わない。このことは、結果的には、かれらが戦勝国によって利用されていた（?）ことをしめすとともに、牧師たち自身も、ただしい入信へのプロセスを説いていなかったことをしめすのではあるまいか。

正しい入信のプロセスをとりえなかった、苦しい教誨師たちのたちばも、充分察しられる。したがって、さきにいうごとく、ここに現代に生きる宗教者の、国家に対する限界点をみいだし、悲しく諦めてしまう以外に、方法はないのであろうか。割りきれぬものが、どうしても、あとにのこるのである。と同時に、現代に生きる宗教者の、ぎりぎりの対決の場所が、すくなくとも、そこにあるように思われる。

このようなケースは、あえて外地において、戦勝国の牧師と刑死者との間にのみ起った問題ではなく、かたちをかえて、内地でも、あるいは起りうるように思う。

が、このばあいは、キリスト教のように、国家との対決を欠いた仏教のケースが多いから、おのずからちがった方向をとる。

「昭和二十三年十月二十二日夜一時余は銃殺刑と云ふ罪名の許にこの人生を終るのである。余の為には誠に意義深き日である。思ひ返せば五十五年の人生お世話ばかりになり通しで何の感謝の意も表する事も出来なかった。この度弥陀の浄土への芽出たき往生、これ又仏恩に感謝せねばならない。

……余の今日ある宿業の致す処である。人生の因縁事と思ふ。余は浄土に参りし後は必ず還相の廻向によりて再びこの世に出で来り衆生済度の大業にたづさわるであろう。

この煩悩具足の凡夫今日の境遇にありながら、坐禅（定）も真当に実施なし得なかったこの凡夫も弥陀如来はこれを摂取して下さるのである。摂取の光明の中に包んで弥陀の浄土に連れて行って下さる。何と有難いことであるまいか。これを感謝せずして何を感謝すべき」（同書六五八―

六五九頁）

戦犯としての死罪は、「余の今日あるは宿業の致す処」と、仏教の業の中に解消していっている。そして弥陀の摂取のうちに浄土に生きんことを願っている。

戦犯の罪は、キリスト教の原罪にも比すべき仏教の業の中に解消され、弥陀の浄土へと摂取されてゆくのであるが、そこには、天皇への忠節ゆえにうけた戦犯という罪は、天皇制国家とたくみに融合している仏教のたちばからすれば、ぜんぜん罪とは意識されず、したがって弥陀の救済も無条件となり、まことにスムーズに罪の転移がおこなわれてゆくのである。前例とは別の意味で、宗教が国家に役立っていることがしられるのである。それは、もともと役に立っているのである。こうなると、国際戦争裁判の当否性などは、最初から問題にされていない世界のできごととなる。

いずれにしろ、教誨師としての牧師や僧侶と、戦犯刑死者たちの関係は、微妙であり、重要な問題をふくんでいるように思う。国家的制約に屈従しつつも、あえて救わざるをえなかった宗教的情熱こそ、真の宗教者のものとして、とうとくもあり是認するのにやぶさかではないが、結果として国家目的に奉仕した後味のわるさは、どうしたものだろう。

この教誨師たちの、宗教者として背負わねばならぬ自己偽瞞には戦犯刑死者たちも、あるいは本能的に気づいていたのであろうか。中には故意に教誨師を避ける態度がみられる。

けれど、なんといっても、極度の限界状況に追いつめられた戦犯刑死者たちである。すべてに救いを必死にもとめていることにはかわりはない。したがって、あらゆるものから憎悪と怨恨のまなこを向けられているただ中に、ひとりかれらのために献身的にはたらく教誨師たちに、多くのものはすなおな感謝の念を、こころから捧げている。これは挙例にいとまないくらいである。うつくしい情景であったと思う。私も、涙してこころ打たれた多くの場面に接した。

おそらく、この問題は、かかる現代における宗教者の限界を自覚しつつ、しかも宗教的良心のために刑死者たちに献身せざるをえなかった多くの教誨師たちの苦悩の中から、なんらかの解答がよせられてくるのではあるまいか。そして、このことが、これからの日本における宗教のありかたを定めるうえにおいて、もっとも重要な示唆をあたえるであろうことは想像にかたくない。

第六章　宗教的自覚への道

各章にわたって、戦犯刑死者たちの苦難の死生観を、神道的、仏教的そしてキリスト教的視点にたって吟味するとともに、その一般的ともいえる宗教受容態度を考察したのであるが、各章のおわりにそれぞれ結論されているごとく、それらはいずれも天皇制や慣習的信仰にさまたげられて真の意味の宗教へと指向されているとはいいがたく、中にははなはだしい宗教への無知・無関心さえあり、純粋な宗教的自覚への道はいまだひらかれていないといってよいであろう。

すると、日本人は、戦犯で極刑に処せられるという限界状況になげこまれても、ついに純粋な宗教そのものへの自覚はもちえないのであろうか――というかぎりない不安と危惧の念におそわれるのであるが、いかに天皇制と慣習的信仰のために宗教への眼をとざされた日本人とても、真の宗教をまともにうけとめることができなかったわけではない。

なんらかの意味で、ひたむきに真の宗教そのものに立ちむかう態度を、しめしているひとたちが見いだされる。いうまでもなく、それはごくかぎられたひとたちだけであり、またどの程度のふかさまで自己を宗教へと沈下できたかはこれから吟味してみる問題であるけれども――。宗教への沈潜にはやはりある程度の時の経過が必要のように思える。

ともあれ、宗教とのまじめな対決が、どのようなかたちでおこなわれたかを解明することは、日本人の精神的基底を明らかにするとともに、その近代人としての人間像決定に重要なキメ手を提供するものと思われるので、ここにこの問題を、より徹底的に追求してみようと思う。これは、以上のべきたった結論として、とうぜん要求されることがらであろう。

そこで、これから、無自覚な慣習的信仰やなかば強圧的な天皇信仰の束縛をはなれて、日本人が宗教そのものへと純粋に眼を見ひらかされてゆく過程は、内面的にどのような経緯をたどるものなのであろうか——を、やはり遺書の実例にそって、あせらず吟味していってみよう。

「遺書
日々是好日
春夏秋冬佳日ならざるはなく如何なる日とて佳日ならざるはなし。現在の自分には明日という日が期しがたく、希みがたく迎えた日が私の全生命であり、全人生なのである。雨も佳し、晴も佳し、嵐もよし、暑き日もよし。すべてに美を感じ、耐え得られない愛着を感じられる。亦二度と廻り会い得る日があるであろうかと思うと、夕陽に輝く雲にも雨に濡れている花にも云い知れぬ名残りの情がつき得ない。
ツルゲネーフの散文詩だと思うがこんな文章のあった事を思い出す。

地平線の限りを取り囲んでいる広大な松林を眺め、その大森林の眺めは、大洋の眺めをおもい出させる。そしてその起すところの感じは両者同じである。原始そのままのわが観る者の前にその広大さと威厳とを以って広がっている永遠の森の胸から海の不滅の胸から同じ声が響いて来る。「我汝等とかかわることなし」自然は人間に向かって云う、汝等いかに力の限りを尽して死をのがれんと努むるとも吾絶対に汝等を支配す。

と書いてあった。

私は今風前の灯よりもはかない生を持している。露の命にも等しい私の命を見詰めている。方法の限りを尽しても結局は自分の宿命というものから逃避することは難しい。絶対の力を以って天は支配している。生命はローソクの如く時を刻む毎に死の深刻さに引き込まれて行く。死を冷静に見守ることは余りにも厳粛である。偉大なる努力と勇気とを必要とする。冷静を維持しようとすればするほど、孤独の静寂の中に引き込まれて行く。……生者必滅の理法を悟って見てもやはり生の欲求は絶ちがたい。人間性を失った悟りの境地などは私は求め度くない。しかしその生の欲求さえも拒絶されたとすれば悲しくとも自然のままに美しく流される外はあるまい。これは悟りでなくあきらめではあるが、その自然のままに流されようとすることは運命に対するあきらめである。所詮抗し得ない大自然の力である……」（同書四―六頁）

そこには、限られた死を待つ人間の、澄みきった心境が、自然観察をとおして、うつくしく語られている。そのかぎりなく清澄な心情は、つよくわれわれの胸に迫るものがある。

筆者、黒沢次男氏は栃木県出身、中央大学法学部卒業、元中支派遣軍参謀部嘱託、昭和二十一年八月十二日、「上海」に於いて刑死、三十四歳。

学歴、そして兵士でなく嘱託というたちば、また三十四歳というやや中年にちかい年齢からすれば氏の死生観が、職業軍人や青年たちの多い前出の遺言の諸例と、多少ちがったものをふくでんいたとしても　あえてふしぎではないであろう。

それよりも氏の遺稿が、他の遺書とたいへん異質的に感じられるのは、国家のために殉ずるとか天皇のために死ぬとかいったことがすこしも書いてないことである。

これは、まことに注目すべきことがらである。まして氏の死は、終戦より一年をへたばかりの昭和二十一年八月。あとからいろんな思想が注入されて本人の従来の死生観が根底からかえられてしまう余裕は、あまりなかったと考えられる。

もっとも、『世紀の遺書』は、くりかえしていうごとく、遺書のすべてを収録したわけではなく、多くはその精粋のみをのせたのであるから、あるいは省かれた部分に国家や天皇についてのことが書かれてあるかもしれない。が、そうとう大部である収録されたその遺稿の中に、すくなくとも天皇や国家のことがらが、なにひとつ書かれてないことだけでも、貴重である。それらと連関した記述さえみあたらない。

これは、『世紀の遺書』全篇をとおして、いかなる断片、細片といえども、天皇、国家への忠誠が書きしるされているのにくらべてたしかに奇異な感をうける。

といって黒沢氏自身が、天皇や国家への対決を、自己の内面においてきびしくおこなったとは考えられない。これは遺書の内容をみればあきらかである。ただ氏は、天皇や国家の観念を、いちおうそっと背後におしやって、ひたすら自然観察をとおして無常感にひたり、おのれの生をいとおしみつつ、その運命のはかなさを感じたまでである。

このような無常への感懐が、おそらく戦前のひとたちに多大の共感をよびおこすであろうことは想像にかたくない。がわれわれはいまここで、このおちいりやすい日本人の無常への情感にとらわれているときではない。

まず、氏が「死をのがれんと努むるとも吾の絶対に汝等を支配す」という、「所詮抗し得ない大自然の力」である諦めに、おのれをおとしいれた不可避の運命とはなんであったのであろうか。

いうまでもなく、氏にのがれられないと感じさせた、自然のちからにも比すべき苛酷な運命をあたえたものは、国家であり、天皇であったのである。じじつ戦前に生きる日本人にとっては、それはまことに「方法の限りを尽しても結局は自分の宿命というものから逃避すること」ができないと思われるほどの、つよさをもって個人の人生を繋ばくしていた。天皇制国家を批判し、いな疑念をいだくことさえ、なしてはならぬ悲しい精神的タブーであったのだ。

したがって黒沢氏が、自分を死の運命にまで追いやった国家を自然におきかえ、そこに日本人特有の美的自然観察をとおして、おのれのこころに諦めにも似たやすらぎをあたえようとした心情には、われわれとしても無条件に実感をもって共鳴できるのである。

天皇制国家への批判の眼をふさがれた戦前の日本人が、ひとたびおのれの人生をかえりみて、その運命を考えたとき、いちばんたどりやすい精神の方向が、これではなかったか――と思われる。

だから同氏も、

「力を尽して生への欲求とともに死の恐怖と闘って来た。私の全能の限りを。

しかし今は安らかならざる心を平静にしてすべてを待とう。天然の命ずるまま、

美しく、美しく」（同書六頁）

と叫んでいる。そこには、モラルと美とを混同していた過去の日本人の精神構造が、あまりにもハッキリ感じさせられる。そして、さらに、

「名もない戦場で誰にも知られず、天皇陛下万歳を絶唱して死んで行った戦友のことを思い出す。報道や宣伝に浮び上った英雄ではない。一無名のインテリ兵士の友を思う時、私はこの名もない路傍の野草を思い出す。これでよいのだ。これが最高の美といわなくてなにを美というべきか。自分の心に自分が納得して素直に歩む姿ではないか。……このつつましきものに無限の涙をそそぐと共に無限の尊い慟哭を覚えずにはおられない」（同書八頁）

と、しるしている。

国家権力に対する個人の無力感が、これほど哀しくもうつくしくうたいあげられている遺書は、数すくない。自然随順にも似た心境で、むなしく曠野に散った野の草のような一兵士の死を懐いながら氏は、つつましくおのれ自身の死をも、すなおに肯んじようとする。

「これで私の生への義務は尽されたことと思う。あの世への旅をひとりとぼとぼ急ごう。父のいる、弟のいる、祖母のいるあの世へ。刻々と迫り来る見えざる宿命、私の心は余りにも静かすぎる。これが死ぬべき人の心かと疑いたくなる。……死とはお前は知らないのか、お前は愛している者ともこの世では永遠に会えなくなるのだぞ。あの美しい夕焼雲も、この美しい名もない花もお前は二度と見ることは出来ないのだぞと自身をおどかして見ても、やはり平静さは失なわれない。どうしたんだお前は、すべての感情を失ってしまったのか。……愚かな心よそうではない。生きることも死ぬることも同じなんだ。俺はどっちでもいいと思っているんだ生きても死んでも」(同書七頁)

このような自然観賞にかたむく情緒的なあきらめの心情は、多くの日本人の共鳴と同情とをうるであろうことは先にのべたが、そこから人間的な苦悩が出てこないことに注意しなければならない。死への追求は、以上のごとく、感覚的な線で、どうしても熄んでしまう。

しかし、たとえこのようなかたちであれ、天皇や国家への距離をいちおう保ちえたことは認められねばならない。

自然観賞であれ、運命への諦観であれ、ともかくも天皇、国家のワクをいちどとりはずして、おのれの人生そのものをすなおにかえりみることなしには、すべての人間的自覚はありえない。そして、なにものにもまして、おのれ個人の生命のとうとさが自覚されたとき、ひとは素朴ではあるがはじめて、真に宗教そのものをとう資格をもつ。

このような意味で、黒沢氏に似たような例を、遺書の中からさがし出してみよう。

「一日も長く生きたいが、しかし私の生命の鍵を握る者に延命を乞ふ気持ちは全くない。私の生命は木の葉が落ちるのと少しも変わらない。桜の花が散るのと全然同様である。太陽が西に沈むのと少しも変わらないと私は思ふ。私は絞首台に昇れと言はれた時に堂々と昇り、そして呼吸が止り心臓が停止した時が、私の天から与へられた生命の終焉であると考へている。延命を乞ふ意志は全くない。私の自然の生命を自ら早く断つ気持も全然ないのが私の現在の心境だ。

……。

私の肉体は亡ぶ。これは自然の法則だ。木の葉が落ち花が散る。これも自然であり自然に帰ることを意味する。死とは自然に帰ることだ。

戦犯も大きく考える時は、自然に帰ることである。その過程こそ異っているが、自然に帰一することは同じであるのだ。

私は今日まで三十二年数カ月の月日を送って来たが、判決を受けてから今日のごとく、尊い一分一秒を送ったことはかつてなかった。今日の一日は、過去の三十余年にも勝る尊い一日である。自然は美しい、自然は清い、自然は澄んでいる。自然はやさしい、自然は強い、自然は恵み深い。見れば見る程、眺めれば眺める程、美しく尊く深いものは自然だ。この数カ月私は自然を眺めよう。そして自然に帰ろう」（同書三〇四―三〇五頁）【松岡憲郎氏。鹿児島県出身。早稲田大学卒業。元官吏。元憲兵大尉。昭和二十一年十一月九日。「ビルマ、ラングーン」に於いて刑死。三十二歳】

つぎのような断片的なものまでしいてあげると、このような例は遺書の中から、かなり見いだされる。

「近頃は随分涼しさをおぼえ鉄窓の中で秋だなあとしみじみ感じます。時折は水浴の許可を得て前の碼頭に出る折、集中営の便所付近の草が黄色を呈し晩秋の感を遠見致しました。何となく秋は物淋しく感じます。

運命かと静もり行くか吾が心
必ず罪を待つとなけれど」（同書九一―九二頁）【貝塚泰男氏。茨城県出身。元憲兵軍曹。昭和二十二年五月六日。「広東」に於いて刑死】

自然観賞や運命への諦観のかなたに逃避する傾向は、いわゆる「もののあわれ」の情感をふくんで、日本人の多くにみられる伝統的な、ある種の宗教への姿勢である。

もちろん、そこからは、人生への具体的な対決が回避されているのであるから、ほんとうの意味の宗教的自覚はなかなか出てこないのであるけれど、しかし無常観にしずむこのような諦観的態度からともかくも自己の運命をすなおにかえりみることによって、そこになんらかの意味で宗教を考えるようになるのが、どうも日本人のいちばんたどりやすい内面的コースのように思われる。

一般的にいって、日本人は、キエルケゴールやドストエフスキーから、宗教を考えはじめるのではないようである。やはり、宗教へと志向する下地は、黒沢氏や貝塚氏の遺書にみられるような東洋的無常観——亀井勝一郎氏のことばをかりれば、無常美観にあるように思われる。

そこで、東洋的な無常観にひたりながらも、個の運命を考え、ともかくもこれを自己の問題としておのれの中にとり込みつつ生死の問題につきあたり、そこに宗教そのものを考えるにいたった例を、つぎに考察しながら、この日本人のたどりやすい宗教へのコースを吟味してみよう。

「死は固より覚悟しているもののこの世に生を受くるも今日一日だけかと思へば感無量なり。此れが人生かも知れない。此れが現世かも知れない。此れが前世からの宿命かも知れない。人間どうせ一度は死なねばならぬ身だ。——中略——死刑の宣告を受けなくとも人間は死ぬ秋は死ぬる者なりと最近はつくづくこんな事を想う様になりました。若し明日刑の執行を受ける様な事がありましたら私はそれ迄の寿命であったと諦めます。——中略——証人等の捏造せる偽証に依り、遂に去る十月二十七日上海軍事法廷に於て死の宣告を受けました。人事の尽すだけは尽しました。後は只天命を待つのみです。……不当な裁きをした裁判官を初め捏造せる偽証に依り私を罪に陥入れた告訴人並びに証人等を随分恨みましたが日が立つに従って、神の教を仏の教をひもといて、そのうち何時しかにくめなくなりました。

生を諦め死を諦めるはこれを死刑囚の一大事因縁かも知れません。然し生を諦め死を諦める事は独り死刑囚のみに限りません。それは万人の必ず心すべき事ではないでしょうか」（同書二五一—二六頁）【前出。久保江保治氏の遺書】

そこには、運命への諦観をとおして生死の問題を、おのれ一個のものとして考えるばかりでなく、誰でもかならず考えねばならぬひとつの普遍的命題としてとりあつかう態度が出てきている。したがって氏は、とうぜん宗教について、つぎに触れてくる。

「生があればこそ死があるのです。だから死は生に依って来る以上生だけが楽しく死だけが恐しいという道理はないわけです。理屈からいえば母体を出たその瞬間からもはや墓場への第一歩をふみ出しているのです。死ぬ事が嫌だったら生まれて来なければよいのです。しかしです。それはあく迄悟りきった世界です。私の気持からいえば、たとえ理屈はどうであろうともほんとうは生は嬉しく、死は淋しいものです。生も嬉しくない死も淋しくないというのはみんな嘘です。生は嬉しく死は淋しいものと思います。

けだし、人間味を離れて何処に宗教味がありましょうか。悟りすました天上界には宗教の必要はないのです。血みどろになって迷い悩んでいるこの獄中にこそ宗教が大切なのです。どうしても夢とは思えない諦められない人の世界こそ宗教が必要なのです。釈尊は我々に教えています。過去の因を知らんと欲せば現在の果を見よ、未来の果を知らんと欲せば現在の因を見よ、と。まさしくそれは真理の言葉です。

永遠の過去を背負った今日は同時に永劫の未来を孕める今日です。……真に生きているのは今日です。……所詮世の中の事は凡て一期一会です。……今日より外はなかりけりです。……人は生れ人は死んで行く。その生れ落ちてから死んでゆくまでの一生、それは畢竟苦しみの一生ではないでしょうか。『人は生れ人は苦しみ人は死す』なんといふ深刻な言葉でしょう。人間に苦悩がないと言ふのはうそです。煩悶がないと云ふのは反省が足りないからです。苦悩があっても煩悩があってもそれに気がつかないからです。

死期も愈々迫って参りました。今までの戦犯死刑囚の前例を考えますと此処二、三日の内に自分も此の世を去るのではないかと思はれます。人生三十五年振り返って見るとほんとうに夢の様です」(同書二七一―二八頁)

人生を苦と見、世を夢幻とみて今日一日に生き切る諦念が、ふかく伝統的な仏教思想にもとづいていることはいうまでもないが、ともかくもそれが宗教を考えるにいたる手引きとなっていることは、上引の例からあきらかにせられるであろう。

ただ問題は、日本人としてはきわめて自然にたどりやすい、このような立場から宗教に想い至った精神が、どのへんで、たんなる無常観をふり切って、普遍的宗教へと自覚的に自己を転換させてゆくか——ということであるが、これを、ひきつづき久保江氏の遺書をとおして追求してみよう。

「二月二十日　金曜

仏人宣教師来訪

天主教の宣教師、例の仏人が来た。相変らず愛嬌がよい。新に入監して広東から来た四人の者に対し、『宗教に国境はない。貴男方も天主教の教徒にならぬか』と言ふ。彼等四名も別に反対の意志はない。よろしく頼むと言っている」（同書二九頁）

前章でものべたとおり、いざ宗教をもとめようとしたとき、日本人にはたしかな宗教が手もとにない。そこで、まずあたえられたものをすなおに「よろしく頼む」と受けいれてゆく。久保江氏のばあいも、最初は、この例外ではない。

「すると仏人は早速手提の中より教理内容を出して一冊宛配布すると共に日本語の本四冊、公教会聖書、ミサ聖祭にあわせての聖体拝領の祈、公教要理、公教読本を取出して私並に野田君に——中略——渡してくれた。わずか四冊の本ではあるが見も知らない仏人が欺く迄我々の身の上を案じ又我々のお願いをきいて下さったかと思へば確かに宗教には国境はないと言ふ事を現実に

味ったのである」（同書二九頁）

かくして、氏は、しだいに熱烈なキリスト教信者になってゆく。しかし、それだけならば、なにも先章でのべた、あたえられた信仰をすなおに受容してゆく態度とあまりちがわないわけであるが、氏が反面日本の宗教の現状をふりかえって、すでに第三章でふれたがごとき熱烈な批判を、これに浴びせかけているところをみると、そこに慣習的信仰への断絶がはっきりうかがえるのである。かれ自身の内面では、かなり明確な宗教への自覚過程があったように推察される。

「今日は三月一日である。もうぼつぼつ春が訪れて来そうなものだが相変らず冷たい。未だ三月に入ったばかりだから底冷がするのかも知れない。今日例の中国人の耶蘇教（キリスト教）の牧師三名来る。例の如く神の教を説く。彼等牧師も云う。金も地位も名誉もいらない。我々は人類を救う為に福音を述べ伝えるものなりと云う。確かにそうかも知れない。此処監獄の、而も死刑囚ばかりを相手にいくら神の教を説いても一銭の得にもならない。——中略——その一銭にもならない事が解り切っても相変らず此処迄来て神の教を説くと言う事は確かに彼等牧師は、人類福祉の為、又煩悶と苦悩に満ちている人類を救わんが為の行為なる事は火を見るよりも明なり」（同書三〇頁）

久保江氏が無常観により、生死の問題をとおして宗教に想い至り、そのあたえかたがよかったのであろうか、仏人牧師に帰依し、反面日本仏教の現状を反省して惰性的信仰から脱出していくさまは、そこに表面的にみれば先章であげた主体性なき受容態度と共通したものが感じられるけれども、さらにふかく考察すると、そこには前例とはいちじるしい差異がみとめられる。普遍的な宗教への志向が、あきらかに看取されるからである。したがって天皇や国家をこえた、より大なるものを希求する念が、そこにまじめに生じてくるのはとうぜんであろう。氏はつづけていう。

「小生も其後何等変った事もなく今日迄無事に参りました。之れひとえに神の加護の賜と深く感謝しています。先般広東より死刑囚四名来り更に中野君等死の宣告を受け、此処上海監獄も戦犯の死刑囚だけで八名です。何れも元気で歩一歩神の道へと歩んで居ります。……彼等も生死の関頭に立って、人間以上のものにすがり度い、頼り度いという気持は持っているのであります。新人生も解説本を殆んど読み尽し愈々聖書を読まうとしている処へ丁度先生より五冊の聖書を戴き彼等の喜び方一通りではありませんでした。今やつまらぬ小説本なんか止め一路神の教へ、信仰へと八名くつわを並べて進んでいます。……今や私達はキリスト教の研究時代を過ぎ去りまして、信仰の時代です。祈禱の秋が参りました。死の宣告を受けた私達です。最悪を覚悟し、心の準備は準備として、信仰へ信仰へと心の修養に努めているのであります。いくら精神をおちつけても、やはり其処が人間です。煩悶と苦悩が次から次へと湧出て参ります。これ等の煩悶や苦悩の悪魔とわれわれは戦わねばならぬ。……最近中国人の耶蘇教（キリスト教）の牧師さんが週一回位お出になります。われわれ八名が一生懸命教理を聞いていますので、次に来る時には日本語の解る人を連れて来てあげますといって帰られました。求めよ、さらば与えられん、です。此処二、三日少し暖かくなったようです。寒さもどうやら峠を越したらしい。春が訪れました。平和の鐘も何時鳴る事やら」(同書三一頁)

氏の信仰内容が、どのようなものであったかは『世紀の遺書』に収録されている部分からはわからない。が、慣習的な信仰からはっきりぬけ出して普遍的宗教をそのままうけ容れようとした態度からして、そこにより深い信仰体験があってもいいような気がする。同氏の遺書は

「十月二十七日死の宣告を受けて以来、今日迄獄中記一千三百頁を書き上げまして、終戦以来の公判闘争、及び今日迄に至りたる経緯に就ては、遺書(死出の旅、死の行進、死の幻影、暗黒の世界、求道、光明の天国等)に書いてあります」(同書二九―三二頁)

と、みずからいうごとく、厖大なものであったらしい。その遺書につけられた表題などからして、かなり豊富な信仰体験がしるされていたであろうと推察するのも、あながちムリではないように思われる。しかし、資料の制限をうけているいま、これ以上たちいることはさしひかえよう。

ともあれ久保江氏においては、東洋的な無常観によって、そっと天皇や国家との距離をつくり、と同時に慣習的な信仰からはっきり脱出することによって、そこに氏がかなり明瞭な自覚のもとに一つの普遍的な宗教をもとめた形跡がみられる。ただ、天皇制とは、はっきりした対決がみられぬため、国家至上主義的死生観の残存が遺書に散見される。これはいたしかたのないところであろう。

以上は、日本人の、いちばんたどりやすい、東洋的な無常観にひたることによって生死の問題を考え、宗教にちかづいていったばあいであるが——例は、仏教ではなく、キリスト教入信というかたちをとってしまったが——そこに、ひとは罪の意識がみられないことに気づくであろう。すでにこのことは先章で指摘したとおりである。

これは、根本的には、東洋的な無常観をささえている仏教そのものの性格が、生死の問題を中心としていることによろうが、上例のごとく、たとえキリスト教に入信したばあいでも、あまり罪の意識は明瞭に自覚されないのである。

日本人に罪の意識のないことはすでに多くの思想家や文学者によって、きびしく指摘されているところであり、また各章にわたって戦犯刑死者たちに罪の自覚のない例証をあげて論じてきたから、ここではこの問題にふれないが、ともかくも無常観を媒介として人間社会との具体的な闘争を無みしつつ、ひとつの宗教的諦観におちつくというのが、さけられぬ日本人の宗教的態度といえる。そして、これが仏教の現世否定的な、消極的ともいえる傾向に、ふかくねざしていることもみのがすことはできぬであろう。その意味で、前掲の久保江氏の信仰内容などについても、その推察の部分において、やはりひとつの疑点がのこるのである。

そこでつぎに、罪への格闘から宗教にちかづいた例を遺書の中から捜しだすことによって、もっと積極的に宗教へ目覚めてゆくすがたを追求してみよう。

もちろん、ここでいう罪とは、まえにもことわったように、戦犯としての法律的な、あるいは道徳的な罪だけを意味しない。それらもふくまれるが、一切のものを無みしてもなおのこる人間存在が根源的に背負わねばならぬ宗教的な罪を意味する。

そして現代の人びとが、かりそめにも宗教にいたるコースは、生死の問題よりも、この罪の意識からのほうが、はるかに多い。これは現代文明の発達が、老少不定という死の脅威を日常的にはかなり緩和させてくれるうえに、その反面社会に生きることの矛盾をより深刻に考えさせるからである。

したがって積極的に宗教に想到してゆく契機も、主として罪の意識から発生しやすい道理である。もちろん戦犯刑死者のばあいは、死がうごかすべからざるじじつとして前提されている以上、生死の問題から宗教へと志向する態度が主としてみられるわけであるが、前述の意味から罪の自覚をとおして宗教にいたるプロセスを考察するのも、きわめて重要であるといわなければならない。

さて、私は、第五章において、戦犯刑死者たちが、天皇、国家を絶対視することによって、戦犯はじつに敗戦のせいにほかならず、みずから罪を犯したとはあらゆる意味で反省しなかったことを極論したのであるが　それならばかれらは、天皇や国家に対する罪をこえて、人道的な、あるいはより深く宗教的な罪をぜんぜん考えようとはしなかったのであろうか。そういい切ってしまうことも、できないように思われる。

やはり、戦犯刑死者たちも、あたえられた宗教と、おのれの良心の範囲で、かれらなりに素朴ではあるが天皇、国家に対する罪とは別の意味の、人道的乃至宗教的な罪を考え、かつ感じていたことは、とぼしいながらつぎの諸例からも看取できるであろう。

「私の父母は信仰家で、母は予の出征の際懇々と『無用の殺生をしないやうに』と戒め、その言は耳に沈みてよる。私は人を斬ったことはない。……。

余世一、二カ月の間、少しでも人のため世のために尽したいその念が沸いてきた。予は幸福だ。何故なら神仏を信じているからである。死刑を宣せられたが、人道に反したことをなしていないと信じているからだ」（同書二二九―二三〇頁）【海野馬一氏。岡山県出身。陸軍士官学校卒業。元陸軍少佐。昭和二十三年四月五日。「ポンチャナック」に於いて刑死。四十九歳】

無用な殺生をするなとの信心深い母のことばをこころしているところなどからみると、やはり伝統的な仏教信仰における不殺生戒がそれとなく民衆に根づよくのこっていることがしられる。

同氏は、職業軍人であるが、なおさいごに人道に反したことがないという自覚も、いちずに国のため犯した罪なるがゆえに罪にあらずと無反省でいる前出の諸例とはいささかちがっているように思われる。

したがって戦犯刑死者のことごとくが、自分の罪を天皇、国家の名のもとに正当化し、すこしも人間的な罪を自覚しなかったといってしまうのも、すこしいいすぎのように感じられる。やはり、はっきりした道徳的ないし宗教的根拠をもたなくても、人間としての罪の意識は、それなりに有していたとみるべきであろう。

それどころか、つぎにしめす桑畑氏のばあいのごときは、人道的にみてフランス側の戦争裁判を正当なりとみとめ、いさぎよくその責任を負うべきであると論じ、さらに戦時中といえども、日ごろ父母から訓えられた人間殺生なことをするなとの戒めをまもり、捕虜となれるアメリカ塔乗員の処刑を命ぜられたるも、これを拒絶し、終戦後無事かれらを本国に帰還せしめている。

戦時中おこなわれた日本人の数すくないヒューマニスティックな行為のひとつとして、また人道的な罪の自覚の徹底しているめずらしい例として、桑畑氏の遺書は、じじつかくの如きとせば『世紀の遺書』中ただひとつの、日本人の高い人格をしめすものといいうるであろう。

「二月十四日西貢軍事法廷に於いて富田少佐以下現存する将校全員（三名）准士官以下十名計十三名は死刑。その外は下士官以下二十数名体刑の判決を受けたり。

これを要するに平戦を問わず人間には人道上最高の理想を実現すべき義務があり、戦時中と雖も万難を排しその具現に努力すべきである。この観念に於いて厳密なる意味に於ける個人の責任の帰趨を云々するに非ず、仏側の表現せる如く日本軍の負うべき責任である。その責任に殉ずるはこれ本懐なり。……。

父母上様に日頃教えられた、人間殺生なことをするものに非ず、正しく強く生きる事、この教訓は戦局逼迫し全員玉砕を覚悟した戦時中に於いても、次の如く厳守して来たことを以て御許し下さい。

二十年五月担任以外のアメリカ塔乗員の処刑を命ぜられた際等私の正義観と性格如実に現わる。四名中二名は終戦後アメリカ本国に生還す。

是より一ヵ月後再度塔乗員の処刑を命ぜられんとするやこれを断り実施せず。

七月中旬海軍より二回に亘りアメリカ塔乗員の処分方委嘱し来れるも観念的に処分するは不可、軍律の規定は尤も正当に運用すべきである。本塔乗員は軍律違反にならず。当然俘虜収容所に俘虜として送るべきである。何も戦闘力を失なった戦闘員を無理して処分する必要はない。この処分の如何が日本軍の作戦に影響しない等を強調し遂に処分することなく終戦後無事にアメリカ本国に生還す。

…………。

私が父母上の教に反し法律も人道も無視する程品性が低下しているとせば、塔乗員数名を日本軍に於いて処刑し、今日またこの処刑に関係した日本軍将兵多数が戦犯者として処刑されたであろう。幸にしてこの惨事を未然に防止するを得、両者共に救われたるを思へば私は満足です。之も父母上の御蔭と感謝します。

何卒父母上様御老体故お体を大事に御長命の程をお祈りします」（同書五六八―五六九頁）【桑畑

次男氏。宮崎県出身。憲兵少尉。昭和二十二年八月十二日。「サイゴン、ビルギル」に於いて銃殺刑。三十七歳】

このヒューマニスティックな行為のでどころは、氏がくりかえしていうごとく、ひごろの殺生なことをするなとの父母の教訓にあるようである。というと、これは年老いた両親にしみこんでいた伝統的な仏教信仰が、はからずも氏のヒューマニスティックな行為によりどころをあたえていたことになる。慣習的な仏教信仰といえどもときにはヒューマニズムを発揮させうることがあるという現実の例証ともなろう。日本人のヒューマニズムの根が、あんがいこんなところに潜んでいるという、ひとつの左証にならぬであろうか。

たしかに、日本人は、無自覚なりに、潜在的に罪への意識を、伝統的な仏教感情にささえられて、それなりにひそやかに持っているらしい。このことは、つぎの諸例からもしられるであろう。

「私は鹿児島県の、とある沖縄の近くの小さな島に生れた。十二歳の時、私は父母や兄弟そして故郷と別れて船乗りの修行に出た。船乗り稼業以外には何も知らなかったので、戦争になると私は海軍に徴用され、やがて特警隊の通訳になった。

私はただ被使用人として彼等のために働き、彼等の命令を聞いて過した。私にはこれといって私にふさわしい仕事はなく、ただ私は見たり聞いたり命令に従ふだけだったのです。自分の意志に反しても命令には従わなくてはならなかった。私は生来このような中で働いて行くに適わしい人間ではありませんでした。今私は此の世を去ろうとしている。此の最後の時にあたって、私は私のかつての行為の中にたとへどんな大きな罪と過失が犯されていたとしても、この世を去らうとする私の為めに許して戴きたいと思ふ。

神よ、希くは私の祈りと願ひとを聞き入れ給へ」（同書二二四頁）【田畑盛順氏。奄美大島出身。元海軍軍属。通訳。昭和二十二年三月十七日。「メナド」に於いて刑死。三十八歳】

徴用された民間人であったせいにもよろうが、田畑氏の遺書にはめずらしく国家至上主義への狂奔がつゆほどもなく、素朴であるがしずかな人間的罪への懺悔がみられる。こんな素直な表現をもつ遺書は、ほかにはみあたらない。さりげないことばのうちに、ひとの心をうつものがある。天皇の名のもとになされた数々の罪悪に対する積極的な反省はなくとも、たしかにそれ以上の世界における罪を考えていたことが察しられる。天皇の名のもとに自己の犯した罪を正当化しないだけでも、このような心的態度は、たとえ深化が不充分であろうと注目されなければならない。

素朴であるが、このような人間的な罪への自覚の、さらに明瞭にあらわれている例をつぎにしめそう。

「私は今自分の過去を静かに振返って見るに人の為何をしたろう。市民を虐待（戦犯行為）した他何をしたろう。気が付いた時は刑務所内である。而も病院内である。何とか罪ほろぼししたくても身体が自由にならない。只自分にできることは過去の私の関係した事件の中の人で不幸な目に逢った人々の冥福を祈るのみである。それが私にできる最大限度の罪ほろぼしであろう。両肺は既に蜂の巣の如く左肺を残す、脈博——一〇六〜一二〇（朝昼）の現在、腸痛み腐廃性活腸炎なり。……固より快くなるとは思はず只来るべき日の為に……日頃より病状に拘泥せず医師を信じ明なき表情を以って平和な心で有難い心と無我自在の心を持ち続けて行きたいと思う。毎日南無阿弥陀仏を称えよう」（同書一六六頁）【菊竹末雄氏。熊本県出身。人吉中学校卒業。元憲兵軍曹。昭和二十五年一月十三日。「バタビヤ」に於いて病死。三十二歳（判決二十年）】

病気と、数年にわたる虜囚の歳月が、菊竹氏の心境を、人間的な罪への反省へと、さらに宗教的随順へとみちびいていったのであろうが、そこには、ひそやかながら宗教そのものに立ちむかう、というけはいが感じられる。

とはいえ、伝統的な無常感からはいるにしても、あるいは罪の自覚からはいるにしても、そこになにか、すっきりしないものを感ずるのは、私ひとりであろうか。その原因が、現実との具体的対決——ここでいえば天皇、国家への対決を故意に回避しているところからきていることは、いうまでもないことである。いかに慣習的な信仰から苦闘のすえ脱出して真の信仰をもとめたとしても、現実の苦悩をじじつあたえている天皇、国家への精神的対決をなしとげないかぎり、すっきりした信仰の出てきようはずはないのである。

そこには、序章でのべたごとく天皇制国家の制約をすっかり無みする格闘が——罪をいちばんあたえた現世の天皇制を否定する決意が——まず自己の内面に起らなければならぬ。そうでなければ、人間として宗教そのものに対する自覚的な態度は確立されえない。この困難な天皇制国家への精神的対決を、まがりなりにもなしとげ、はっきりと宗教そのものに人間としての自己を面せしめたのが、つぎに掲げる岩崎氏と半沢氏の遺書である。

両氏の遺書は、上来のべきたったことの総決算と思われる内容をふくんでいるから、煩をいとわず引用するとともに、詳細に吟味してみることとする。

まず、岩崎氏の遺書から、みてゆこう。

「六月三十日

〝宿命〟

生きる望みのはてしない夢を追ふ。生きたい、再び祖国へ帰りたいし、そうしたはかない望みを捨て去ることは最後までできないであろうか。思考力と体力の限界を感じつつある昨今只ボンヤリと色々の追憶と夢想に日はすぎて行く。一歩一歩見えざるものに向って。……それは私達の希望とか予想とかに関係なく導かれつつあるのである。けれども運命といふものは凡ゆるものを超越して私達を其処へ引ずり込むのだ」（同書四五七頁）【岩崎吉穂氏。島根県出身。鳥取高等農林学校卒業。元教職員。元陸軍大尉。昭和二十三年十月一日。「香港」に於いて刑死。二十九歳（濠州「香港」関係）】

岩崎氏も、はじめは自己の戦犯としての罪を、やはりいたしかたない運命と、上例のひとたちとおなじように考えていたようである。しかし、判決をうけてからは

「七月十五日

午前十一時裁判長は徐々に眼鏡をかける『元日本帝国軍人陸軍大尉岩崎吉穂、本法廷の判決は絞首刑を宣告する』K氏も同様。かくしてスタイレイ刑務所Hホール七号室に入れられる。囚人番号――一一一九。私の人生は残り三カ月。今日から私は番号だ!。

八月十七日

一入尽忠教国の念をもやし只管祖国のよき楯たらんと上官の命に服せし者が死刑となる。神として身を捧げた我等の天皇陛下は結局我等を足台として生命を全うせられた。死を賭して守らんとした祖国は吾々を裏切った。そうであるにしても今以て天皇陛下を尊敬し祖国を愛し続けている日本人たる血と自愛との矛盾交々至る。然し此処に一線を画されるのはキリスト教への信仰である」(同書四五七―四五八頁)

そこには、現世的な天皇・国家への訣別が、悲痛な現実的裏切りをとおして、なされようとしている。けれど、身命をささげた天皇、死を賭して護らんとした祖国への愛着は、よういに日本人としてはふりきれない。そこで氏の内部にようやく目覚めかけてきた個の人間としての生きかたが、はげしくこれにうちあたる。「日本人たる血と自愛との矛盾交々至る」とは、この間の消息をいうのであろ

う。

そして「然し此処に一線を画されるのはキリストへの信仰である」という氏の信仰内容が、ありふれた救済をもとめるという性質のものではなく、現世的な天皇、国家をたしかに超えたものへと近づきつつあったことは、これにつづく次の文からしてしられる。

「私を死に導いた諸々の事、生きたい欲望と人への愛、主への信仰、憎悪と悪欲と信仰、それは夫々の強さを以て私に迫る『何故生きたいのか』と反問する。その対象は人であり物であると共に欲念である。『永遠の生命』への希求は結局自分への言い分ではないか。得たいと望み道を見出したいと思ひ、日夜祈る信仰は結局慰めと諦めの手段ではなかったのか？　否と言ひ得る強さを持つ段階にある。私の信仰は唯一条の私の道であると信ずる。唯其を以て私の心の凡てを支配し得るには更に更に時と苦行を要する。ともすれば人の思ひにみたされて放心した者の如く悲しみとさびしさと欲念につかれる。悩める人の子として……」（同書四五八頁）

天皇や国家への徹底的な批判はもちろんなされていない。これをなすには、さらに豊富な社会科学的知識を必要とする。が、ともかくも正面から本能的にこれらにぶつかり、同時にたんなる慰めや諦めの手段としての宗教からぬけだそうとしていることは、みとめられる。岩崎氏の信仰内容が、正しく真の宗教へと近づいていたことはあきらかである。

しかし、正しく志向されたその信仰も、ながい歳月をへた体験によってうらづけられなければ、確固のものとはなりがたい。「私の信仰は唯一条の道であると信ずる。唯それを以て私の心の凡てを支配し得るには更に時と苦行を要する」とは、このことをいわんとしているのであろう。

哀しいけれど、正しく宗教に志向された氏には、もはや豊富な宗教的体験をうる時日はあたえられていなかった。

「鉄のカーテンで人生を遮断された私には未来はない。抱負を語る事がない。従って空想といふ漠然とした又思考を及ぼす空間の広さや長さがない。若い人達が無限と感ずるであろう人生がないのだ。唯経験の話しが出来ない。一人の男が歩いた記録のみが話題となるのだ。お互が経て来た青年期や精魂を尽した戦場の物語りは今は悲しい追憶である」(同書四五八頁)

あるのは、悲しい過去の想い出だけである。その痛恨にみてる在りし日々を、氏はどのようにふりかえったのであろうか。

「過去の私の仕事は決して私自身の理性に忠実ではなかった。自由の意志と選択性を与へられ、而ものうのうと其の機を過した愚かな自分が恥しい。自ら求めた運命でもあろう。然し神を識る機会を与へられたこの最後の好機は絶対に遁し得ない。却ってよい過程にあるのではなかろうか。厳粛に神への道を究めた其処に永遠の生命を見出すべし。之が唯一の道である」(同書四五五頁)

と、氏は、遺書の他の箇処に、これをしるしている。

そこには、もはや天皇・国家への責任転稼はみられず、おのれ自身の人間としての責任において戦犯という罪をうけとめたすがたがみられる。かぎられた氏の日々の日誌の中に、つきつめた信仰者としての体験が、みじかいながら珠玉のようにかがやいているのもうなずける。

「九月二十一日

吾人は死に臨んで凡てのものが愛されてならぬ。この絶対の愛を裁きを受けずして持ち得たならばと残念なり。誰も怨むことなく後事は兄にまかせて心軽く勇んで主の招きに応ぜん……。それはキリストの約束を固く信ずるが故に」(同書四六〇頁)

天皇や国家への愛を、さらに高く高く超えた宗教的絶対愛にようやくめざめかけたとき、かれの生命は絶たれるのである。氏は、やっと宗教の門口に佇んだにすぎぬ。

いかにきびしい天皇制国家の制約の中で育てられてきた日本人でも、やはり死にのぞんでおのれの生き方を真剣につきつめてゆけば、そこにより大いなる宗教的普遍性にまで到達することを、岩崎氏のばあいは 明瞭にものがたっている。尊い精神の記録であると思う。氏の手記のさいごは

「九月二十五日

昨夜は快適に熟睡をとることができた。心は静かに返る。来週火曜処刑されるであらう。(註――この日の手記を最後に昭和二十三年十月一日スタンレー刑場の露と消えらる)」(同書四六一頁)

とあるように 天皇陛下万歳が書きとどめられていない。

天皇陛下万歳と死を賭してたたかったものが、それゆえに犯した罪によって処刑されるとき、ついに天皇陛下万歳を叫びえなかったという悲惨さに思いをいたしたならば、ともすれば安易に天皇制によりかかろうとする現在の精神状況を、われわれはきびしく見つめる必要があるのではあるまいか。その結果、宗教にいくか、社会科学にいくかは別問題として――。

つぎに引用する半沢氏の遺書は昭和二十四年九月に刑死しているところからみて、終戦からもっと、へただった記録といえる。

したがって、かなり周囲の状況がかわってきたせいでもあろうか、天皇や国家に対する明確な批判がそこにみられる。

と同時に、内面的死生観の変化や、宗教への徹底した洞察が、きわめてはっきりとしめされている。いわば多くの戦犯刑死者たちのいきつくべき精神的境位とそのプロセスが、あきらかにしめされている。上来各章にわたってのべてきたことが、ここに集約され、結論づけられている観さえある。

このことは、逆にいえば、私が半沢氏の所論に共感して、だいたいこれにもとづいて『世紀の遺書』をくまなくみまわし、氏の到達した境位までぜんたいの行論をひきずってきたことを意味する。

したがって、もう、ここまでくれば、氏自身の遺書をして、みずから語らしめたほうがよいことはいうまでもないであろう。

「本論を述ぶるに当って題目を『独房悲歌』とつけたのは、自分に些か理由があっての事である。

というのは、本論の中枢となるのは已に処刑された犠牲者を中心に論説せるのと自分が自らそれらの犠牲者と同じ境遇にあって、死を直視しつつ、彼等を見送る目に、悲惨な一面が包まれているのを痛切に感じたからに外ならない。

何が悲惨であったか。それは次第に稿を追って述べるところのものであるが、そうした一面を痛感して居る自分は、彼等が処刑に臨み、その態度において立派なる最後を遂げ、見る人、聞く人に壮絶の感を与えるとも、その裏に底流するところの真実が、より一層啾々たる痛哭の響をもってわが胸に疼くのである。その悲惨をわれわれ青年が、それを通じて感得しうる一般的現象に基き、種々雑多なる推測や洞察、また皮相なる同情等の側に立たず、人間として予期しなかった苛烈なる現実に逢着した者の、その内面に於いて幾多の矛盾に衝突して如何に煩悶したか、そしてその煩悶を如何に整理したか、これはわれわれ青年が、その境遇に逢えば、等しく受けねばならぬ衝撃なのであることに思いを走らせ、幸いこの境遇に陥るを免れたる青年は、単に自己の幸運を喜ぶことであってはならない。省みて寧ろ冷汗を覚えるであろう。この故にわれわれは犠牲者の尊い教訓を無にせず将来に生かさんとすべきである。われは、その教訓を外見的な皮相な面に視線を向けず、彼等の味わった煩悶に就いて共に味わうことに依って、真の教訓を覚えるであろう。この意味に於いて自分の執筆する目的が那辺にあるか理解し得ると思う」（同書二二〇―二二一頁）【半沢勇氏。福島県出身。安積中学校卒業。元憲兵軍曹。昭和二十四年九月二十六日。

「グロドック」に於いて刑死。三十一歳】

と、氏は、その所論の目的と意義とをのべているが、これはいうまでもなく、序章において、ある意味では戦前の日本人にひとしく共通する問題として、この問題をとりあげたのと呼応するものである。戦犯刑死者たちのいだいた苦悩の中から、われわれが何ものかをまなびとることによって、かれらの死をムダ死にとしないばかりでなく、将来に生きるなんらかの生きる手がかりを見出したい——といった依りどころが、ここにあったことに気づかれるであろう。

「死ぬ意義

何の為に死ぬのか、いや死なねばならぬか、一応は死ぬ者にとって考えねばならぬ問題である。犠牲、だが何の犠牲か。曰く、日本の再建の為の、否報復の犠牲であると。松田長官は、犠牲でも何でもない全くの犬死であるといっている。又、犠牲との見解を持する側にも三色あって、勝村少佐は、日本再建の為の犠牲であって有意義であると提唱している。

和田大尉は、犠牲は犠牲であっても、報復の犠牲であり、無駄死であるといい、浅木少尉は犠牲が、有意義であるか、無駄になるかは、将来の日本人が立証してくれるものであると折衷説をもっていた。

その何れが真であるかはその人々の信ずるところであり、誰しも容喙すべきでないが、既にここにも煩悶となる重大なる一因があるのではないか。

谷口少佐が、処刑の寸前にすら、自分は何の為死なねばならぬかといっていたが、人間として、理性の働く以上は、思索し死ぬまでに、一通り頭の中を整理して置きたいと努力するであろう。だが簡単な割算の如く清算できる問題でない。

然し納得しようがしまいが、否応なしに、刻々と時が、死を強要しつつあるところにいい知れぬ苦悶が内在して居る。それが種々雑多なる表現によって看取されるが、何時頃から起きた言葉か明瞭な記憶になっていないが多分山根軍医が、最初用いた言葉と思う。行き詰った時に「ヤケ」という言葉が流れていた。

自分はその叫びの中にも一種の悲痛な響を感じていた。人間がその人生に於て最も厳粛な時は死であろう。そして、その死の前に勇敢なる日本軍人であった人々は苦悩して居る。

何故であろう。いうまでもなく、吾々が過去に於て教育された死生観は、ここで通用しないのだ。即ち、青年が、これまで教育された天皇陛下のため笑って命を捧げる日本軍人の死生観原理は、何の勇気も与えず、それを口にする者も居ないのは悲しい限りである。

臨終の際、天皇陛下万歳を三唱するのは日本軍人の典型であり、それが、国運の隆盛を祈る日本人の表徴でもある。山畑君が出発の前日、天皇陛下万才をいいたくないが、いわないと残った家族が苦労するであろう、家族のために万才をいってやるかなと、さびしそうにいっていた。又、橋本君は、刑場に発つ前迄、天皇陛下万才を三唱しないといっていたそうである。これは一寸滑稽な冗談のようだがどうして、これ迄、口に出す迄は考えに考えた結果であろう。

青年が純粋に信じていた筈の確固たる何かを見失うと同時に凡てが瓦解したのだ。死ぬ者にとっては、頽廃的な虚無感で充満し、和田大尉や、山根軍医が地球が破壊して一切が消えれば好いといったが、その心は寂漠として荒廃なるを知ろう。後日和田大尉が逃亡するに及んで一端を窺知できる。

死ぬ意義を発見納得し得ない苦悩が深刻な一面を呈している」(同書一二一—一二二頁)

死にのぞんで、なぜ天皇陛下万歳を唱えられなくなったのか、その論理的解明は、もちろんここではなされていない。それを半沢氏自身に要求することはムリであろうが、氏が、みずからの体験をとおして、天皇陛下万歳を唱えられなくなったことは、はっきり自覚されている。かれらは、戦前のひとたちのひとしく抱いたであろう国家至上主義的死生観が、もはや通用しなくなったときでも、死ななければならなかった。いきおい、死の意義づけを、どこかに求めねばならない。死を現前にひかえて、なんらかの意味の死生観を要求するのは理性的人間としてとうぜんのことである。しかし、求むべきなにものも内面になかったことは、かれらが、自己の精神的肉体的能力のすべてをあげて、かの天皇、国家へと捧げつくしている以上、あきらかである。あるのは、ただ「ヤケ」という頽廃的な虚無感だけである。無情につきはなしてみれば天皇制国家のワク内で生き切った人間像の痛ましい残骸を、われわれはそこに見出すのみである。

かくして、戦犯刑死者たちの、ほんとうの悩みは、ここからはじまるといえる。そして、この深刻な苦悩は、同時に痛烈な覚醒へとつらなることを、ひとはただちに同氏の遺書から理解するであろう。氏はこれを、つぎのごとく書きしるしている。

「2　覚醒と後悔

漸く青年期に達すると兵隊に入り、戦争に従事して来た吾々青年は、国家社会、政治は勿論自己の人生にすら無批判であったと云へよう。一途に養はれて来たものを信じ、それが凡てであり、忠節を尽すことによって報いられるものが何であるか、深く考へてみる必要はなかった。只尽すことが要求されて居り、そして尽すことが吾々の道であった。

それが終戦後、殻を破られ、吾々が嘗て想像しなかった事態が展開し、宛然顚倒した感がある。昔売国奴と呼ばれて国外に隠遁して居た者が、今や逆転し檜舞台に立って指導して居る。悪と信じて居たものは、実は悪ではなかった。これが人生の最高と思って居たのは、無智以外の何ものでもない。

ここが難しい問題であろう。覚醒した時は万事休すである。そして一切を運命として諦めんとする。何れにしても諦めざるを得ない問題であるが、諦めは諦めとして、常に精神と内訌の起るのは当然であろう。

覚醒が希望となり、発奮となる立場と異り、覚醒は後悔になって、責め、萠芽せんとする思念は、自ら断たねばならぬ。無智なる者は、無智なる時に死んだ方が楽であると思う。ここに彼等が苦悩の痕を見逃せない。

栄枯盛衰、有為転変は世の常として、無常感に感傷を覚えるは、蓋し日本の詩文学に伝統なる『もののあわれ』が中枢であるとも、源平や戦国時代の感傷を、今更吾々が味う無智が覚醒して、絶望に連る程、哀れなものはない」(同書一二二頁)

天皇制国家の現実的崩壊を目前にして、これに覚醒していくかれら戦犯刑死者たちの心理的プロセスを追求することは、きわめて興味ある問題であるが、ここでは直接追求すべきテーマではないから、これ以上に立ちいらない。それはまた、稿をあらためて論究すべきものであろう。

さて、天皇制国家の本質に覚醒したとき、かれらの内心をおそったものは、なんだったのだろうか。それが頽廃的虚無感にうちつづくやりようもない運命への諦めであったことは、氏のいうごとくである。しかるに、これを、たんなる運命への諦めとして無常観の世界に押しやってしまうことは、いまの覚醒はあまりにも強烈である。氏が「もののあわれ」の感傷をふりきって、みずからの無智を痛烈な悔恨をともなって認めていることは、いかにその覚醒がはげしかったかが窺われる。

その覚醒も、過去へとはつらなっても、希望のある未来へとつながるすべはない。「覚醒した時は万事休す」なのである。とすれば氏を死の恐怖から救ってくれるものは、いったいなんであったのであろうか。

「3　死の恐怖

必然的に経験しなければならない究極の問題は死であるが、判決後、処刑の期日が迫るに伴ひ、刑場の情景を思ひ浮べて種々の空想をしてゐるらしい。

太田伍長は、室内で、一人刑場に歩む練習をして居ると話したことがあった。来る処まで来れば、死そのものは恐れる筈がない。銃口の前に立つまで、そして息の根が止る迄が最も気掛りのところである。

意識して銃口の前に立つには相当な勇気がいる。宗教的な信仰も何もない吾々青年は日本人の意気だけで頑張れるだけだ。人に笑はれたくない。それだけに真剣になっている努力が見える。

処刑直前、初田軍曹が、小さい堀を見て『この川は、何処に流れる河か』と訊いたのは、判断に苦しむが、山根軍医が、見るもの総て清く美しく見えると云ったそうだが、実際そう見えるのだらう。橋本君が、坊さんに『先になって歩いてくれ。俺は後から一人で行く』と云って凄愴な笑を浮べたと云ふが、それは坊さんの臆病な見方か。が、人の真剣なるや、鬼気が漂うことは肯ける。清水君が太陽を見て美しいお月様が出たといったのは間接的に聞いたのだが、鬼気迫るものがあろう」（同書一二二頁）

天皇や国家以外に、最高の絶対的な存在は、あらゆる意味でないことを信じていた戦前の青年たちに、真の意味の宗教が存在しなかったことは、上来くりかえしのべてきたところである。したがって天皇制国家が眼のまえに崩壊したからといって、かれらに頼るべき宗教のなかったことはいうまでもない。

「宗教的な信仰も何もない吾々青年は日本人の意気だけで頑張れるだけだ」

これほど、はっきりと正直に、日本人の無宗教心を痛切にもいい切ったことばはないであろう。戦犯刑死者たちの中にみられる宗教的信仰なるものも、つきつめてゆけば、すべて天皇制国家のワク内での、たんなる個人的慰安と諦念にすぎなかったことは、すでにあきらかにしてきたところである。「宗教的な信仰は何もない」という痛切な半沢氏の叫びこそ、刑死者たちの多くがもった宗教的粉飾の一切を吹きはらって、そこに赤裸々な日本人の精神状況を、あまりにも生々しく露呈したものということはできないのであろうか。

この赤裸々な叫びは、天皇や国家を一切無みしたあとの、宗教への叫びなるがゆえに、それはそのまま真の宗教を求める発点となる——と私は理解する。

現在われわれが、宗教を考えるばあい、どうしても、この半沢氏の痛切な精神境位を出発点としなければならぬのではあるまいか。そうでないと、われわれは永久に、宗教そのものに直面する機会を失うことになると思われる。

ただ半沢氏のばあいは、かかる覚醒にもとづいて宗教に直面しても、これを求める余裕は時間的にまったくあたえられていなかった。だから、日本人の意気だけで頑張る以外に方法はなかったのだ。こんな悲惨な精神の記録を、もう日本人はいかなる意味でもくりかえしてはならない。あえて死生のよりどころを宗教に求めなくてもよい。ただ、おのれの死を納得させるにたる精神的足場だけは、なにによってであれ自覚的に把握しておく必要があるのではあるまいか。もちろん、それは、国家や民族を超えて、ひろく人類の抱く普遍的真理へとつながるものでなければならないが――。

以上のことを半沢氏は「宗教」と題して、つぎのごとくまとめて、のべている。

「6　宗教

自分が独房に来てから、嘗て宗教の話は口にでた事がなかったといって過言でない。最近老人が独房に来てから、一部に、仏が有難く涙がこぼれるというような事をいい、仏にすがって彼の世に渡らせて貰うべく、熱心に南無阿弥陀仏を唱えて居るが、これとて、話を聞けば終戦後の信仰らしい。偶々時を同じくしてプロテスタントの牧師が行なう集会に、独房からも行けるようになったが、この時は自分と清水君を除いて他は殆んど老人であった。

吾々青年に宗教心がないわけではない。その大部分は宗教を知らずに来たといった方が適切であろう。生まれたときから祖先伝来の宗教がある筈だが、どの程度に理解し信仰して来たかは、各自が半生を回顧することによって、自ら知るであろう。宗教について論ずるのは自分の目的でもない。他に説いて呉れる専門家が多くある。ここでいい得るのは、人間が全く孤独感に陥った時に、空飛ぶ鳥を見ても羨む、無力な、弱い一面を知ることができるし、天皇陛下のために笑って死ぬべき筈であった日本人が、笑って死ねなくなった時、淋しい空虚を感ずるであろう。山畑君や橋本君の悩みは、吾々同時代の青年が、平等に分つべき悩みでもある」（同書一二二頁）

たしかに、氏のいうごとく、各自の半生を回顧すれば、われわれが、いかに宗教をとりあつかってきたかがわかる。これはあえて戦犯となった青年たちとはかぎらず、厳密にいえば戦前の日本人すべてにあてはまることがらである。そして天皇陛下のため笑って死ねなくなったとき感ずる空虚な心情をとおして、戦犯刑死者たちが死の意義を求める苦悩こそ、それはそのまま現在のわれわれにつながる苦悩ではあるまいか。われわれはまだ、かれら戦犯刑死者たちの死にのぞんで発した痛切なこの苦悩を、なんら精神的にはっきりと解決していない。ここから先をゴマかさず、真剣に追求してゆくことが、戦後に生きるひとたちの義務ではないであろうか。

半沢氏の遺書は、つぎのごとく結ばれている。

「この戦争を通じて、最大の犠牲を払ったのは、吾々青年の上に見られる。何百万の英霊は、何の為に死んだか。南無阿弥陀仏を唱へたか、アーメンと十字を切ったか、否天皇陛下万歳を叫んだことは誰も疑はないであろう。日本人の血を感じる者、誰しもが知るところである。その崇高なる犠牲に、讃美の声を禁じ得なかった吾々は、彼等何百万の戦友が、餞《はむ》けの真の叫び、天皇陛下万歳に、改めて耳を傾けようではないか。そして又、尚天皇陛下万歳が続いて居る。その犠牲に吾々は最早や嘗ての崇高なる感激を覚えるより、悲痛な哀感が強く響いて居る。独房から消えて行った、吾々とその歩みを同じくする青年が秘める苦悩、笑って訣別の言葉を交す裏面に漂う悲痛なる声は、彼等の奏する悲歌として、共に味わう何かを教えられる。

吾々の年令は、青年の時代から永久のさようならをしようとして居る。そして新しき者が継承するであろう」（同書一二四頁）

氏の、さいごの心境が、かぎりなき悔恨をひめた哀感のただよう天皇陛下万歳で畢っているのは、みずからの心に宗教的信仰なきことを偽りなくみとめている以上、とうぜんのことである。中途はんぱに宗教らしきものに逃げこむよりも、このほうがはるかにすっきりとしている。と同時に、氏の唱えるかぎりなき悔恨に充てる天皇陛下万歳の悲叫こそ、それはいかなる意味でも日本人の叫ぶさいごの天皇陛下万歳たらしめなければならない。

そこから、あえて宗教ばかりでなく、すべてについてものを考える日本人の、真の人間としての自由な態度が生まれてくることはいうまでもない。

あとがき

定年を目前に控え、残りすくない人生を思うと、この書はやはり世に出しておきたいと願っている矢先、日頃ご支援を得ている大蔵出版の編集長武本武憲氏の取り計いで、その発刊が可能となったのは倖いこの上もなく、深く感謝する次第である。

と同時に、初めに述べた如く、この論稿の発表を筆者にすすめた現中外日報社長本間昭之助氏に改めて感謝の意を捧げたい。同氏の協力なかりしかば、とても七〇回の連載はできなかったことを思うと、御健在のうちに本書が刊行できたのも今は何かの因縁と想われる。

なお、ささやかな本書の刊行に際して想い出される人に、大正大学教授塩入良道師がいる。先年示寂されたが、この論稿が『中外日報』に連載された時、また同じころ出版した戦没学徒の手記『駒沢に竹波打ちて』を差し上げた時、親しく感想を寄せられた。同じ戦中世代として共通の課題意識を有したことによろう。本学にわざわざ来て頂いて講演をお願いしたこともあった。

人間古稀を迎えると、身辺から去って逝くひとが尠くない。塩入師もそのひとりであった。日頃は無音に打ち過ぎていても、こころにふれる書簡を時折寄せられた。本書の刊行に、同じ世代からの共感を得られる人たちも、やがては自らも含めて消え去ってゆく。それでよいのであろう。

それにしても本書は、発表してから三十年を経ている。それは永い年月であった。本書に出てくる亡くなられた人たちも、近親の人たちの追憶をのぞけば、もはや歴史の渦の中に消え去ろうとしている。ここにに改めて本書ゆかりの、無念にも消え逝ゆきし諸英霊の御冥福をこころからお祈りして筆を擱く。合掌。

* * *

おわりに終始校正の労を取られた大蔵出版の桑室一之氏に、重ねて謝意を表したい。同氏は、同社から出版する拙著の校正を担当されること数年に及ぶが、特に本書は格別のこころ配りを頂いた。やはり内容に共感されるものがあったのであろうか。

【著者略歴】

山内舜雄 (やまうち・しゅんゆう)

1920年　栃木県に生まれる。
1942年　駒沢大学文学部仏教学科卒業。
現　在　駒沢大学名誉教授，文学博士。
主　著　『正法眼蔵聞書抄の研究』全７巻，(1988-1996年)，『摩訶止観と正法眼蔵』第１・第２ (1998-2001年)，『曹洞宗における在家宗学の提唱』(1990年)〈以上，大蔵出版刊〉ほか。
現住所　東京都世田谷区深沢２－４－５　〒158-0081

限界状況における日本人の死生観

1991年12月25日　初版発行©
2002年５月10日　新装初版
2002年９月20日　新装再版

著　者　山内舜雄
発行者　鈴木正明
印刷所　富士リプロ㈱

〒112-0015　東京都文京区目白台1丁目17番６号
発行所　大蔵出版株式会社
電話 03(5956)3291　FAX 03(5956)3292

ISBN4-8043-2520-4 C0015